잘사는 것으로
나를 증명한다

잘사는 것으로 나를 증명한다

1판 1쇄 발행 2022년 4월 11일
1판 2쇄 발행 2023년 3월 15일

지은이 이정훈
펴낸이 이기준
펴낸곳 리더북스
출판등록 2004년 10월 15일(제2004-000132호)
주소 경기도 고양시 덕양구 지도로 84, 301호(토당동, 영빌딩)
전화 031)971-2691
팩스 031)971-2692
이메일 leaderbooks@hanmail.net

ISBN 979-11-90616-60-7 03190

잘사는 것으로 나를 증명한다

이정훈 지음

리더북스

바다에 사는 수많은 물고기 가운데

유독 상어만 부레가 없다.

부레가 없으면 물고기는 가라앉으므로

잠시라도 멈추면 죽는다.

그래서 상어는 태어나면서부터 가라앉지 않으려고

끊임없이 지느러미를 휘저을 수밖에 없다.

바다 동물 중 가장 힘이 센 강자가 된 이유다.

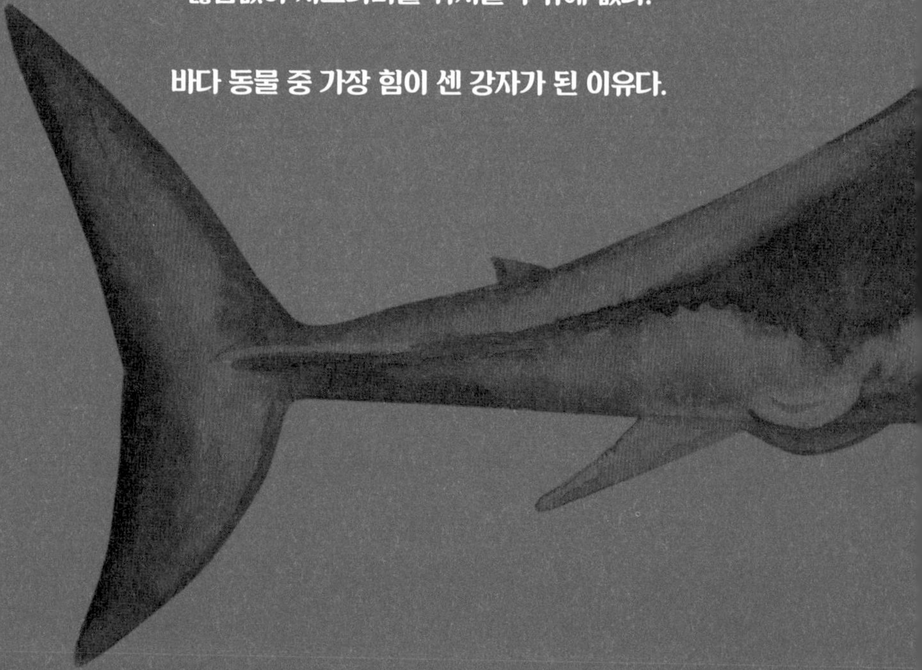

저자의 말

잘살고 싶어 애쓰는 당신을 응원한다

스무 살 적부터 새해가 되면 빠뜨리지 않고 해온 일이 있다. 두툼한 다이어리를 사는 일이었다. 다이어리에 좋은 글귀, 섬광처럼 떠오른 생각, 삶에서 경험하고 배운 것을 담담하게 적어놓았다. 하루하루 보낸 시간을 꼼꼼하게 기록하고 복기하면서 메타인지(자기 객관화)가 높아졌다. 20년 넘게 계속 써온 다이어리가 인생의 길잡이가 되었다.

나를 돌아볼 여유조차 없이 바쁘게 살 때, 삶의 방향성을 잃었을 때, 희망이 보이지 않을 때, 소중한 관계가 깨졌을 때 다이어리를 펴서 거기에 적은 내용을 소리 내어 읽곤 했다. 그동안 내가 살아온 흔적을 되돌아보면서 다시 잘 살고 싶은 힘을 얻었다.

'삶'에는 무수히 많은 사연이 담겨 있다. 내 삶도 예외는 아니다. 가난했고, 시련과 좌절의 연속이었다. 나는 안다. 가난의 고통이 얼마나 큰지, 좌절의 아픔이 얼마나 지독한지.

희망이 보이지 않는 칠흑 같은 어둠 속에서 나는 더 강해졌던 것 같다. 역경과 고통도 인생의 일부분이라는 것을 담담하게 받아들이면서 '고난은 피할 수 없지만, 행복과 불행은 선택이다.'라는 것을 절실히 깨달았다.

잘살고 싶었다. 그래서 잘 살려고 애를 썼다. 그 결과 경제적 자유를 얻었고 청중 앞에서 행복하게 강연도 하고 있다.

많은 사람을 만나야 하는 일을 하다 보니 종종 고민을 듣는다. 그분들과 힘든 얘기를 나누었고 그 내용을 다이어리에 적어놓았다. 그것이 한 권의 책이 되었다. 가장 소중한 나를 위한 인생 처방전이 되었으면 하는 바람이다.

이 책의 내용은 잘살기 위해 애쓰는 사람들에게 꼭 해주고 싶은 이야기다. 목표와 꿈을 성취하는 데 꼭 필요한 실제적인 것들이다. 어떤 문제를 놓고 결단할 때, 삶이 흔들릴 때 읽으면 좋을 것이다. 지금 잘살고 있는지 스스로 돌아보게 할 것이다.

나는 당신이 부자로 살기를 바란다. 돈부자, 마음 부자, 시간 부자, 관계 부자로 살면 좋겠다.

덧칠하고 싶은 원고의 마지막 장을 덮으며, 여러 모양과 방법으로 격려해주신 소중한 분들에게 깊은 고마움을 전한다.

이정훈

1장 관계 부자는 이렇게 한다

2장 자기관리 잘하는 사람은 이렇게 한다

3장 돈과 운을 끌어당기는 부자는 이렇게 한다

4장 일 잘하는 사람은 이렇게 한다

5장 목표를 달성하는 사람은 이렇게 한다

1장

관계 부자는 이렇게 한다

나를 위해 남이 모든 것을 대신해주지 않는다.
남을 위해 내가 무언가를 해줘야
비로소 나를 위해 남이 무언가를 해준다.

01

인간관계 좋은 사람의 7가지 비결

인간관계는 참 묘하다. 아무리 잘해줘도 멀어지고 떠나는 사람이 있고, 멀어질 고비가 있어도 곁에 남는 사람이 있다. 인간관계가 좋은 사람들의 비결은 무엇일까?

잘 맞는 사람에게 마음을 더 쓴다

사람들은 상대가 '나를 좋아할까, 싫어할까'를 궁금해한다. 좋아하는 것 같으면 다가가고, 싫어하는 것 같으면 물러선다. 나는 '당신에게 편안함을 주는 사람입니다'라고 생각해서인지 처음 만난 사람에게 쭈뼛쭈뼛하지 않고 친근하게 다가가는 편이다.

사실 나와 결이 맞지 않는 사람은 아무리 잘해줘도 가까워지기가 어렵다. 그 사람 역시 자신과 내가 결이 맞지 않는다고 생각할 것이다. 사람이 느끼는 감정은 비슷하다. 인간관계가 좋은 사람은 잘 맞는 사람에게 마음을 더 쓴다. 이것이 인간관계에 힘들어하지 않고 좋은 사람들을 곁에 두는 비결이다.

무조건적인 이해와 배려를 기대하지 않는다

누구나 자기를 이해해주고 배려해주는 사람을 좋아한다. 관계에서 상처를 받고 싶지 않기 때문이다. 그러나 이해해주고 배려해주기를 바라는 마음이 강하면 조금이라도 상대의 이해와 배려가 부족하다 느낄 때 관계가 나빠질 수도 있다. 이것은 나를 얼마만큼 이해해주고 배려할 수 있는지 보여달라고 하는 것과 같다. 상대에게 바라는 기대치가 높을수록 실망도 크다. 모든 면을 이해해주고 배려해주는 사람은 없다.

타인을 함부로 평가하지 않는다

인간관계가 좋은 사람은 타인을 함부로 판단하지 않는다. 누구나 장점이 있으면 단점이 있다. 결단력이 부족한 것은 단점이지만 대신에 성품이 차분해서 너그럽다는 장점이 있다. 지나치게 걱정이 많은 것은 단점이지만 반면에 세심하여 신중한 장점이 있다.

내 기준으로 타인을 평가하지 말자. 내 판단 기준이 다 옳은 것은 아니다.

누구를 안다는 것은 사실 내 생각과 감정일 뿐이지 그 사람을 정말로 아는 것은 아니다. 누구를 좋아하고 싫어하는 것도 사실 내 입장에서 좋고 싫음을 판단하는 것이다. 누구를 안다는 것은 그 사람을 온전히 이해하고 사랑해야 가능한 일이다.

이익을 계산하면서 만나지 않는다

어머니는 받을 것을 계산하면서 주지 않는다. 오직 주는 것만으로도 기뻐한다. 주고 싶어도 줄 것이 없으면 가슴을 친다. 어머니는 자식이 잘되었다고 질투하지 않는다. 당신의 희생과 헌신을 자식이 알아주지 않아도 섭섭히 여기지 않는다. 오직 자식이 잘되는 것만 바란다.

어머니는 자식의 온갖 실수를 덮어주고, 세상 사람들이 자식을 비난해도 감싸준다. 언제나 자식이 불편하거나 힘든 일이 없는지 보살펴주고, 친절하고 너그럽게 대해주시는 분이 어머니다. 인간관계가 좋은 사람은 어머니 같은 마음으로 사람들을 만난다.

적당한 거리를 유지한다

사람과 사람 사이에는 일정한 거리가 있어야 편하게 만날 수 있다. 너무 붙어 있으면 소유욕이 생겨 갑갑하고, 너무 떨어져 있으면 냉랭하고 외롭다. 문제는 이 거리감이 매우 개인적이고 주관적이란 점이다. 나는 이 정도 거리감이면 괜찮다고 생각하는 반면에 상대는 너무 가깝거나 멀게 느껴질 수도 있다.

사람마다 다른 거리감을 인정해야 한다. 너무 가까워서 상처 주지 않고, 너무 멀어서 마음이 멀어지지 않는 적당한 거리를 유지하는 지혜가 필요하다. 타인과 내가 다름을 존중하고 배려하는 것이기 때문이다.

모두에게 좋은 사람이 되려고 하지 않는다

타인의 말과 태도에 예민하게 반응하는 사람은 상대가 눈길을 피하고 표정이 밝지 않으면 '저 사람이 왜 저럴까?'라고 생각하지 않고 '내가 뭘 잘못했지?'라고 먼저 생각한다. 그러면서 잘 보이려고 애를 쓴다. 남에게 무조건 좋은 사람이 되고 싶기 때문이다. 이것은 타인에게 인정받고 싶은 욕구가 지나치게 강한 것이다.

이렇게 한다고 해서 나를 미워하는 사람이 없을까? 내가 싫어하는 사람이 있는 것처럼 남들이 나를 싫어할 수도 있다. 만약 남들이 나를 다 좋아한다면 정말 좋을까? 어쩌면 나를 다 좋아하는 게 너무 싫다고 하지 않을까.

좋은 점만 보여주려고 노력해도 누군가는 귀신같이 단점만 들춰낸다. 잘 지내고 싶어서 맞춰주어도 나를 싫어하는 사람은 반드시 있다. 모두와 사이좋게 지내겠다는 것은 나의 욕망일 뿐이다. 그보다는 나 자신도 소중하고 다른 사람도 소중하다는 생각이 더 바람직하다.

싸우면 금방 화해한다

나를 낮추면 더는 큰 싸움으로 번지지 않는다. 자존심을 못 버리고 옳고 그름을 따지기 시작하니까 싸움이 되는 것이다. 인간관계가 좋은 사람은 나 잘났다 하지도 않고 변명도 하지 않고 자기가 잘못했다며 가볍게 인정하고 금방 화해한다. 그런다고 해서 못난 사람 되는 것도 아니고 나쁜 사람 되는 것도 아니기 때문이다.

02

나를 좋아하게 만드는 확실한 방법

내가 누군가를 좋아하면 그 사람과 있을 때 기분이 좋다. 내가 누군가를 싫어하면 그 사람과 있을 때 기분이 엉망이다. 그래서 좋아하는 사람과 함께 있고 싶고, 싫어하는 사람과는 잠시라도 같이 있고 싶지 않은 것이다. 그렇다면 나를 좋아하게 만드는 확실한 방법은 무엇일까?

나의 매력을 있는 그대로 보여준다

'매력'에서 '매魅'자는 도깨비라는 뜻이다. 도깨비처럼 사람의 마음을 사로잡는 것이 매력이다. 매력이 있는 사람은 자기의 참모습이 매력 있다고 생각한다. 그래서 남들이 가진 매력을 흉내 내지 않고 자신을 솔직하게 드러낸다. 그래서 결국에는 자신만의 매력을 좋아하고 알아주는 사람을 만난다. 나의 매력은 내가 좋아해야 한다.

진심으로 듣는다

만나서 얘기하고 싶은 사람은 말을 잘하는 사람이 아니라 잘 들어주는 사람이다. 힘들고 괴로운 일이 있어서 이야기를 나눌 때 상대가 내 문제를 근본적으로 해결해주리라 기대하면서 말하는 사람은 없다. 그냥 들어주기만 해줘도 마음이 편해져서 고맙다고 느낀다.

잘 들어주는 것은 '당신은 소중한 사람입니다. 그러니 당신이 하는 말도 소중합니다.'라는 것을 상대에게 전달하는 것이다. 잘 들어주는 것은 나를 좋아하게 만드는 확실한 방법이다.

평소에 좋은 인상을 준다

선입견이나 편견은 무섭다. 평소 인상이 좋았던 사람이 실수하면 '어쩌다 실수할 수도 있지 뭐.'라고 여기지만, 평소 인상이 안 좋았던 사람이 실수하면 '꼭 저런다니까!' 하며 매번 실수한 것처럼 말한다. 그래서 평소 인상을 잘 관리해야 한다.

사람들은 보는 것을 믿는 것이 아니라 믿는 것을 본다. 믿는 대로 보이고, 또 믿는 대로 보고 싶은 것이다. 여간해서는 뒤집히지 않는 것이 평소에 쌓은 인상이다.

돈 받은 것 이상을 해준다

처음부터 당신의 능력을 높이 사고 1억짜리 일을 의뢰하는 사람이 있다면 당신은 행운아다. 그러나 아무도 그런 기회를 처음부터 주지 않는다. 처음에는 고작 2만 원짜리 일을 부탁한다. 그 일을 잘 해내면 그 다음에 4만 원짜리 일거리를 준다. 그 일을 최고로 해주면 10만 원짜리 일을 주고, 그 일을 50만 원짜리 일처럼 해주면 계속해서 보수는 올라가고 나중엔 속칭 '부르는 게 값'이 된다.

어떤 사람들은 "돈 받은 만큼 해준다"라고 말하지만, 나는 그런 식으로 일한 적이 없다. 돈을 얼마를 주든지 내가 맡은 이상 그 누구와도 비교할 수 없게 최고 수준으로 해주었다. 돈을 벌기 위해 일하는 것이긴 하지만 결국 나를 위해 일하는 것이기 때문이다.

한번 맡은 일은 내 이름을 걸고 나의 신용과 실력과 이력을 걸고 하는 것이기 때문에 결국 '나의 일'이다. 결과물을 보는 사람마다 "이거 누가 했냐?"고 물을 것이고, "이정훈이라는 사람이 했답니다"라고 대답할 것이며, 그것이 나의 브랜드 가치다. 일은 당신의 능력을 보여주고, 가능성과 신뢰와 가치를 인정받을 기회이다.

협력해서 일할 때 즐겁게 한다

레베카 뉴턴은 《존재감》에서 "우리는 '너의 존재감이 줄어들어야 나의 존재감이 더 커진다'라는 제로섬 게임의 사고방식에 빠져서는 안 된다. 진정한 존재감은 당신이 존중과 신뢰를 받고, 당신의 말에 영향력이 있고, 당신의 아이디어가 중요하게 여겨지며, 당신의 기여가 가치 있게 여겨지는 것을 의미한다. 당신은 다른 사람들도 이런 특성을 갖도록 도와줘야 한다."라고 말한다. 돋보여야 존재감이 드러나는 것이 아니라 팀워크와 협력이 중요함을 일깨우면서 한 팀인 사람들에게 초점을 맞추라고 한다. 협력해서 일할 때 다른 사람에게 선한 영향력을 미치는 것은 나를 좋아하게 만드는 방법이다.

만나면 재미있다

만나서 재밌게 시간을 보낸 사람은 또 만나고 싶다. 그러나 만나서 지루하게 시간을 보낸 사람은 또 만나기가 망설여진다. 늘 만나서 재밌을 수는 없고 때로는 진지한 대화도 나눠야 하지만, 재미있으면 상대의 반응이 확실히 다르다.

사람들은 재미있는 사람을 좋아한다. 재미있어야 관계의 만족도가 높다. 재미를 느낀 사람들은 마음을 활짝 열기 때문이다.

03

좋은 평판을 듣는 사람이 잘하는 4가지

모이면 '사람'에 관한 이야기를 많이 한다. 사실 평판은 근거가 없다. 하나부터 열까지 그 사람을 잘 알지 못하고 그저 보고 느낀 대로 말하는 것이기 때문이다. 칭찬을 듣든 비난을 받든 그것은 남들이 자기 입장에서 말하는 것이니 객관적이지도 않고 공정하지도 않다. 그런데 늘 평판이 좋은 사람들이 있다.

남의 평가보다 자기 내면의 평가가 더 중요하다

좋은 평판을 듣는 사람은 역설적이게도 평판에 무관심하다. 좋은 평판을 들으려고 일부러 남에게 잘 보이려 애쓰지 않는다. 사람들 평판이야 어찌 됐든 나는 나일 뿐이라고 여긴다. 스스로 자신을 어떻게 평가하는지가 더 중요하다고 생각하기에 매사에 언행이 신중하다. 그러니 겸손하고 남을 배려하는 것이 몸에 배어 있어서 좋은 평판을 듣는 것이다.

자존감이 높아서 호감을 산다

사람들에게 잘 보여서 환영받더라도 내가 나를 좋아하지 않으면 행복하지 않다. 사람들에게 칭찬을 들어도 내가 하는 일에 만족하지 못하면 마음이 편치 않다.

좋은 평판을 듣는 사람은 스스로 자기를 좋아하고, 자기가 하는 일을 만족하게 해서 남에게 호감을 사는 것이지 남에게 잘 보이려고 애써서 좋은 평판을 듣는 것이 아니다.

상대방이 중요한 사람이라고 느끼게 한다

"어느 지역에서 지진이 일어났다고 해도 내가 앓고 있는 치통만큼 심각하지 않다."라는 말이 있다. 이토록 인간은 자기중심적이다. 이 사실을 잊지 않으면 누구를 만나든 그 사람을 중요한 사람으로 인정해주고 결국 나도 중요한 사람으로 존중받을 수 있다.

상대를 중요한 사람으로 인정하는 사람은 상대가 자신을 근사한 사람이라고 느끼게 해준다. 이것 하나만으로도 좋은 평판을 들을 수 있다.

돈 문제로 얽히지 않는다

돈 문제로 사람을 잃는다. 어려운 처지를 하소연하며 돈을 빌려달라고 할 때 안 빌려주면 관계가 멀어진다. 가족이든 친구든 돈 문제로 멀어진 사람들이 한둘이 아니다.

줄 수 있는 여유가 있으면 군소리 없이 주고, 빌려주고 받아야 한다는 생각으로는 빌려주지 마라. 잘못하면 돈도 잃고 마음도 상하고 사람도 잃기 쉽다.

대부분 돈을 빌려 갈 때는 간이라도 빼 줄 것 같이 말하지만, 빌린 돈을 갚지 않을 때는 본색이 드러난다.

04

혼자 잘 지내는 사람의 특징

혼자가 편한 사람은 사람이 싫기 때문이 아니다. 누구보다 사람들을 좋아하고 아끼는 사람이다. 단지 혼자가 편해진 것뿐이다. 새로운 사람을 만나는 것도 귀찮고, 관계에서 감정을 소모하고 싶지도 않다. 혼자가 편한 사람은 외롭다고 아무나 만나지 않는다.

모두를 만족시키려고 애쓰지 않는다

혼자가 편한 사람은 주위의 모든 사람으로부터 인정을 받아야겠다며 애쓰지 않는다. 좋은 사람에게만 좋은 사람이면 된다고 여긴다. 삶의 결이 다른 사람, 관심 없는 사람, 좋지 않게 보는 사람에게까지 가까워지려는 노력을 애초에 하지 않는다. 맞지 않는 사람에게 노력한다고 관계가 만족스럽게 바뀌는 것도 아니다.

나 자신도 마음에 안 드는 구석이 있는데 하물며 나와 다른 사람이 모두 나를 마음에 들어 한다는 것은 불가능하다. 혼자가 편한 사람은 모두를 만족시키려고 무리하게 노력하지 않는다. 다만 남들에게 비판받을 일을 하지 않고, 설령 비판하더라도 심각하게 받아들이지 않는다. 혼자가 편한 사람은 관계에 최선을 다할 뿐, 모두를 만족시키려고 애쓰지 않는다.

영혼의 울림을 축적할 시간이 필요하다

친구와 자주 만나는가? 반갑게 일상 얘기를 나누며 친밀감을 주고받는 건 좋은 일이다. 그러나 법정 스님의 말처럼, 때로는 영혼의 울림을 주고받을 수 있는 사귐도 필요하다. 너무 자주 만나면 영혼의 울림을 축적할 여유가 없다.

혼자가 편한 사람은 영혼의 울림을 축적할 여유를 마련한다. 안달복달하지 않고 기다린다. 자주 연락하면 친밀한 관계, 연락이 뜸하면 친밀하지 않은 관계라며 이분법적으로 생각하지 않는다.

적당한 관계가 좋다

관계에서 가장 중요한 것은 내 마음이 다치지 않는 것이다. 깊은 관계든 얕은 관계든 할 것 없이. 깊게 사귀어야만 좋은 관계인 것은 아니다. 깊게 사귄다고 해서 내 마음을 다 이해해주는 것도 아니다. 관계에 '완벽'이란 말은 가당치 않다. 혼자가 편한 사람은 마음 다치지 않는 선에서 적당한 관계를 선호한다.

새롭게 사람을 사귈 때도 마음이 편한지에 중점을 둔다. 나에게 잘해주고, 원하는 것을 알아서 척척 해줘서 편한 것이 아니라 함께 있는 것만으로 편한 사람이다. 그러나 처음에 좋은 느낌으로 만났어도 점점 구속하고 마음을 상하게 하면 미련 없이 관계를 한 번에 끊어낸다. 혼자가 편한 사람은 마음이 다치지 않는 쪽을 선호하기 때문이다.

무조건 잘해주려고 하지 않는다

사람들은 상냥하고 잘해주는 사람을 좋아한다. 이 사람을 착한 사람이라고 추켜세우기도 한다. 그러나 좋은 사람과 좋은 사람으로 보이고 싶어 하는 사람은 다르다. 혼자가 편한 사람은 좋은 사람으로 보이고 싶어 하는 사람과 거리를 둔다. 남에게 무리해서 친절한 사람일수록 불안감을 숨기고 있기 때문이다.

남에게 상냥하고 잘해주려면 상대의 생각을 잘 살펴야 하고, 말 한마디, 행동 하나에도 주의를 기울여야 한다. 그러니 타인 앞에서 늘 불안할 수밖에 없다. 또한 자기감정을 숨기려고 하니 얼마나 피곤할까.

타인은 잘 돌보면서 정작 자신은 돌보지 않는 사람의 마음이 과연 건강할까.

또한 남에게 무조건 잘해준다고 해서 그것을 모든 사람이 알아주는 것도 아니다. 상대에게 잘해주기 위해 내가 무리해서는 안 된다. 의무감으로 해주는 것과 진심으로 좋아해서 해주는 것은 다르다.

혼자가 편한 사람은 누구에게나 잘해주려고 하지 않는다. 설령 잘 못 해줘서 관계가 깨진들 달라지는 것도 없다. 나에게 좋은 사람으로 살면 된다.

다름을 인정한다

사람들이 관계에서 상처를 받는 이유는 타인이 모두 내 마음 같기를 바라기 때문이다. 그런 바람을 내려놓지 않는다면 관계에서 계속 상처를 받을 것이다. 세상에 내 마음 같은 사람은 아무리 눈 씻고 찾아봐도 없다. 혼자가 편한 사람은 세상에 내 마음 같은 사람은 없다는 것을 잘 안다. 내 마음과 다름을 인정하기에 상처받지도 않는다.

자신을 잘 돌본다

바닥을 칠 때가 있었다. 그때 친한 사람들이 나를 포기하는 것보다 내가 나를 포기할까 봐 더 두려웠다. 내가 나를 애정하고 잘 돌볼 수 있다면 혼자 있어도 외롭지 않겠구나, 이런 생각이 들었다.

혼자 있어도 편하게 지내는 사람은 스스로 잘 챙기고 보살핀다. 자신을 스스로 칭찬하고 자신에게 보상하는데 좀 더 너그러운 사람이다. 또한 타인에 대한 의존도가 낮다. 누가 자기에게 안 좋은 말을 했다고 전해 들으면 '그런 말 좀 들으면 어때? 그 사람이 대신 살아줄 것도 아닌데.' 하며 대수롭지 않게 여긴다. 혼자서 행복한 사람이 둘이 있을 때도 행복할 수 있다.

05

인맥을 쌓기 전에 반드시 해야 할 4가지

"인맥이 좋아야 해." 이런 말을 종종 들을 것이다. '빽'과 '줄'을 중요하게 여기는 사회니까. 그러나 인품도 별 볼 일 없고 실력도 없는데 인맥만 좋다고 성공할까? 인품과 실력이 뒷받침되지 않은 인맥은 저절로 떨어져 나간다.

당당하게 나를 세우는 데 집중하기

인맥을 쌓기 전에 우선 자신부터 당당하게 세우는 데 집중해야 한다. 내가 남에게 도움을 줄 수 있는 역량을 갖춰야 한다. 도움을 받으려고 인맥을 쌓는 게 아니라 도움을 줄 위치에 있으면 인맥은 저절로 넓어진다. 좋은 인맥을 넓히는 비결은 자기 역할에 충실하면서 잘 사는 것이다.

기본적인 애티튜드 갖추기

기본적인 예의, 태도를 '애티튜드attitude'라고 한다. 많은 사람이 사소한 애티튜드를 갖추지 못해 싹수없다는 말을 듣는다.

만났을 때 주고받는 인사말보다 헤어질 때 진심으로 하는 말이 기억에 오래 남는다.

"오늘 즐거웠습니다. 감사합니다."

"많은 것을 배웠습니다. 또 뵙겠습니다."

앞모습보다는 뒷모습이 아름다운 사람이 되자.

서로 도움을 주고받는 관계 쌓기

인간관계에서는 주고받는 것이 매우 중요하다. 주기만 해서도 안 되고 받기만 해서도 안 된다. 주고받는 게 적절하게 균형을 이룬 관계가 오래간다. 일방적으로 한쪽이 주고 다른 한쪽은 계속 받기만 한다면 관계가 깨지기 쉽다. 사랑도 주고받아야 애틋해지는데, 한쪽이 늘 주기만 한다면 관계에 흥미를 잃는 것은 당연하다.

인맥을 쌓을 때 이것 하나만큼은 꼭 명심해두자. 나에게 호감을 느꼈던 사람도 주기만 하고 받지 못한다면 언젠가는 지쳐서 떠나버린다는 것을.

약한 유대관계의 힘 활용하기

내 앞가림하기에도 급급하지만 문득문득 나 혼자가 아니라는 느낌을 받는다. 그동안 맺은 인연들이 나를 잊고 사는 것 같아도 나의 버팀목이 되어주는 사람들은 분명히 있다. 어디에선가 그들은 나를 응원하고 있을 것이다.

일부러 계획하고 만나지는 않지만 이런 사람들은 전화해서 만나자고 하면 쉽게 응할 것이다. 이런 사람들과는 얼마든지 도움을 주고받으면서 인적 네트워크를 계속 키워나갈 수 있다.

06

가식적인 사람인지 알 수 있는 3가지

사람의 마음은 변덕스럽다. 이득이 있으면 친했다가도 손해를 볼 것 같으면 외면해버린다. 이렇게 이해타산적으로 관계를 맺으면, 달면 삼키고 쓰면 뱉는 식이 될 수밖에 없다. 가식적인 만남은 금세 바닥을 드러낸다.

매너 없이 '갑'인 것처럼 행세한다

말에는 마음이 담겨 있다. 진심인지 가식인지는 표현하는 말에 고스란히 드러난다. 교양과 품위를 갖춘 사람과 고급 음식점에서 식사한 적이 있다. 그분이 식당 직원에게 함부로 하는 모습을 보고 가식적인 사람임을 금방 알 수 있었다. 직원에게 오만불손한 태도를 보인 이후로 그분을 다시 만나지 않았다. 마음은 말로써 그대로 전달되기 때문이다.

자기만 손해 안 보면 된다는 식이다

상대방이 나에게 지어 보였던 미소가 가식이었고, 나에게 보여준 친절과 배려가 계산적이었고, 달콤했던 말이 진심이 아니었다는 것을 알았을 때. 이럴 때는 마음이 상하고 관계에 환멸을 느낀다. 가식적이었던 사람은 상처받은 사람의 마음을 헤아리지 못한다. 그 마음을 아는 사람이라면 상처를 주지도 않았겠지만.

가식적인 사람은 '나만 손해 안 보면 된다'라는 식으로 생각하고 행동하는 사람이다. '내가 최악일 때 함께하지 못하는 사람은 내가 최고일 때 함께할 자격이 없다.'라는 말은 진리에 가깝다.

친절을 베풀며 보답을 바란다

정말 힘든 때가 있었다. 그때 끝까지 곁에 남아서 함께한 사람은 손으로 꼽을 정도였다. 내가 잘 나갈 때 이득을 본 사람들은 모두 떠났다. 관계를 계산하고 보답을 바랐던 사람들이었다. 힘들 때 사람들로부터 외면을 당하자 오히려 진실한 관계가 더 빛났다. 나에게는 관계에서 쭉정이와 알곡을 알아차리는 기회였다.

사심 없이 친절을 베푸는 자가 있고, 보답을 계산하고 다정하게 구는 자도 있다. 잘될 때는 어떤 경우든 괜찮은 관계가 유지된다. 그런데 불행에 직면했을 때 그 관계의 속성이 드러난다. 바닥을 칠 때 함께하는 사람은 고맙게도 이겨내는 힘을 보태준다. 물론 평소 내 언행으로 서로에 대한 배려와 인간적인 믿음이 있었을 것이다. 그러나 내가 힘들 때 계산적인 관계로 만난 사람들은 더는 얻을 것이 없어서 관계가 단절되고 만다. 여기서 중요한 것은 나의 성공과 실패가 아니다. 성공했든 실패했든 '있는 그대로 나의 존재를 인정하고 존중해주었느냐'이다.

07

비호감인 사람의 언행 3가지

호감을 주는 사람은 좋은 마인드를 갖고 있다. 자기 생각이 틀릴 수도 있다는 마인드. 그래서 남의 의견을 무시하고 자기주장만 하는 어리석음이 없다. 평생 학생처럼 배우려고 하는 사람은 호감을 준다.

잘못을 인정하지 않고 우긴다

영화 〈이보다 더 좋을 수는 없다〉에서 주인공인 작가는 신경질적인 성격에 독설을 퍼붓는다. 사람들은 모두 작가와 대화를 꺼리고 그를 피한다. 자기 틀에 갇혀서 바라보고 말하는 사람은 비호감이다.

분명 잘못했는데도 혼자만 잘못 안 했다고 우기는 사람도 비호감이다. 사과는커녕 오히려 상대에게 윽박지르는 안하무인도 비호감이다. "죄송합니다. 제가 실수했습니다." 하면 아무것도 아닌 일을 사과하지 않아서 상대의 마음을 상하게 하고 불쾌한 경험으로 하루를 망치게 한다.

실수나 잘못을 한 후에 어떻게 대처하는지를 보면 그의 매너 수준을 알 수 있다.

남을 뒤에서 깎아내린다

친했던 사람이 내가 하는 일에 관해 안 좋게 얘기했나 보다. 그 사람이 한 말이 제삼자를 통해 나에게 전해졌다. 앞에서는 자신감 있는 내 모습이 멋지다며 칭찬하더니 뒤에서는 다른 소리를 한 것이다. '주제 파악도 못 하고 일을 벌이기만 한다.'라는 식으로 말했다고 한다. 앞에서 나를 백번 칭찬하는 사람보다 나를 뒤에서 좋게 얘기하는 사람이 진짜 친구다.

오만하게 남을 무시한다

모임에 나가면 '나는 너보다 똑똑하고, 나는 너보다 잘났고, 나는 너보다 가진 게 많다'라는 식으로 은근히 자랑하는 사람이 있었다. 처음에 한두 번은 사람들이 예의상 그의 얘기를 들어주었다. 하지만 불편해서 모두 등을 돌렸다. 오만한 사람에게는 좋은 사람이 남아있으려고 하지 않는다.

08

남의 시선과 말에 신경 쓰지 않아도 괜찮다

내 행복은 타인이 결정하는 것이 아니다. 그런데도 타인의 눈치를 살피고 타인의 말 한마디를 지나치게 의식한다. 마크 맨슨은 《신경 끄기의 기술》에서 말한다. "건전한 관계를 지속하려면, 두 사람 모두가 '아니' 또는 '안 돼'라는 말을 주고받을 줄 알아야 한다." 건전한 관계는 '네'뿐만 아니라 '아니오'도 주고받는 관계다.

사람들은 나에게 그다지 관심이 없다

내 생각에는 사람들이 나에게 관심이 많을 것 같지만, 과연 그럴까? 매일 같은 공간에서 지내는 가족과 직장 동료들이 나에 대해 잘 아는 것 같지만, 사실 잘 모른다. 그 정도로 관심을 기울이는 사람은 거의 없다.

나 역시도 친한 사람이 오래전 얘기했던 것을 또다시 얘기해도 처음 듣는 것처럼 고개를 끄덕이며 듣곤 한다. 이 사실을 알면 남의 시선과 말에 신경 쓰는 것이 얼마나 무의미하고 부질없는 일인지를 느낄 것이다. 자기 발등에 떨어진 일을 해결하기에 급급한 사람이 잠시 나를 보고 나에 대해 얘기한 것을 마음에 담아두고 전전긍긍하는 것이 얼마나 우스운 일인가.

남에게 잘 보이려고 애쓰지 마라

미즈시마 히로쿠는 《오늘도 남의 눈치를 보았습니다》에서 "남의 시선을 중요하게 생각하면 자기도 모르는 사이에 서서히 '도마 위의 생선' 같은 신세가 되어버립니다."라고 했다. 펄떡거리는 물고기가 아니라 도마 위의 생선처럼 전혀 생기가 없고 '나 죽었소' 하는 신세. 이것이 남의 시선을 의식하는 삶이다. 사람들에게 좋은 평가를 받기 위해 안달복달하는 삶 말이다. '도마 위의 생선' 같은 신세가 된다는 말이 참 재밌지만, 한편으로는 씁쓸하기도 하다.

남을 의식해서 하는 일이 소중할까, 나를 위해서 하는 일이 소중할까? 우리는 이득과 손해로 계산하기 좋아하므로 어느 것이 이득인지 금방 알아챘을 것이다. 타인의 시선과 말보다 중요한 것은 내가 행복한지 묻고 살피는 것이다. 남에게 향한 시선을 내 안으로 거두어들여야 한다. 남에게 하는 위로와 격려의 말을 나에게 해주어야 한다. 장사로 치면 그것이 이득이 남는 장사다. 남에게 잘 보이려고 애쓰지 말자. 내가 잘 보여야 하는 대상은 바로 나니까.

불쾌한 말에 감정을 낭비하지 마라

좋은 말은 마음에 간직하고, 불쾌한 말은 듣는 즉시 잊어버려야 한다. 그런데 우리는 거꾸로 한다. 간직해야 할 좋은 말은 흘려보내고 즉시 잊어버려야 할 불쾌한 말은 마음에 간직한다. 불편한 말을 계속 곱씹고 되새김질한다.

미움받을 용기가 필요하다

내가 모두에게 잘해도 나를 좋아하는 사람이 있고, 나에게 관심 없는 사람이 있고, 심지어 나를 싫어하는 사람도 있다. 타인에게 좋은 사람이 되려고 노력하는 것은 정말 피곤한 일이다. 타인이 나를 미워하는 것은 내 문제가 아니라 나를 미워하는 타인이 해결할 과제다.

기시미 이치로, 고가 후미타케는 《미움받을 용기》에서 "행복해지려면 미움받을 용기도 있어야 하네. 그런 용기가 생겼을 때 자네의 인간관계는 한순간에 달라질 걸세."라고 말한다. 내 경험에 비추어봐도 미움받을 용기가 있으면 분명 관계가 달라진다. 남이 나를 싫어해도 마음에 두지 않으면 관계에서 상처를 받지 않는다.

내 마음을 잘 달래준다

타인이 나를 욕하더라도 절대로 나는 나를 욕하면 안 된다. 기분이 엉망인데 내가 나한테까지 잘못했다며 욕을 하면 무너지기 쉽다. 잘못했어도 '다음에는 잘할 수 있어'라고 해야 기분이 좋다. 내 마음은 아기 돌보듯이 잘 달래주어야 한다.

09

호구가 되는 사람의 특징

너무 착하고 선량한 사람은 남이 무리한 부탁을 해도 다 들어준다. 부탁한 사람의 기분이 상할까 봐, 실망시킬까 봐, 이기적으로 보일까 봐 그러는 것이다. 그러나 늘 부탁을 들어주는 사람에게는 절대로 고마운 마음을 갖지 않는다.

자기 실속을 챙기지 못한다

왜 호구는 혼자 잘해주고 상처받을까? 타인에게 인정받고 싶은 욕구가 강하기 때문이다. 다른 사람과 충돌이 일어나는 것을 싫어하고 남들이 좋아해 주기만을 바란다. 그래서 남의 부탁을 잘 들어주고 퍼주기를 잘한다. 퍼준 만큼 되돌려 받으면 다행이지만, 대부분 실속을 못 챙긴다.

너무 쉽게 부탁을 들어준다

무슨 부탁이든 다 들어주는 사람에게 고마움을 느낄까? 절대로 그렇지 않다. '호의가 계속되면 권리가 된다.'라는 말이 있다. 상대가 호의를 당연한 권리로 인식하게 만든 건 무슨 부탁이든 다 들어준 사람 탓이다. 잘해줄수록 상대는 더 잘해주기를 바란다.

부탁을 들어줄 때는 상대에게 부탁을 들어주면 어떤 대가를 줄 것인지 반드시 묻자. 되돌려 받는 게 없으면 거절해야 한다. 부탁을 들어주어야 하는 상황이라면 어려운 조건을 내세워 겨우겨우 부탁을 들어주어야 상대가 고마움을 표시할 것이다.

확실히 반격할 줄 모른다

대화 중에 상대에게 무시당하는 느낌을 받은 적이 있을 것이다. 일부러 대화 자체를 거부할 때, 묻는 말에 건성으로 대답할 때, "또 그 얘기야?" 하면서 중간에 끊어버릴 때, "그래, 나는 원래 이런 사람이다. 어쩔래?" 하면서 빼 째라 식으로 나올 때, 나는 옳고 너는 무조건 틀렸다고 말할 때, 무조건 자기한테 맞추라고 할 때.

이때 상대에게 제대로 반격하지 못하면 호구가 된다. 무례하고 모욕적인 대우를 받을 때는 똑같이 무시해야 한다. 반격하지 않고 오히려 한

발 물러서니 만만하게 보는 것이다. 착하고 선량한 사람도 이렇게 단호한 구석이 있다는 것을 보여주어야 대놓고 무시하던 사람이 더는 깔보지 않는다. 당장 호인은 못 되더라도 호구는 되지 말자.

당당하게 거절하지 못한다

누군가 도움을 청할 때 당당하게 거절하지 못하면 나중에 또 무리한 부탁을 한다. 계속 부탁을 들어주니 나중에는 호의가 권리가 되고, 부탁이 명령이 되는 것이다. 거절은 그 사람을 거부하는 것이 아니다. 거절했다고 나쁜 사람이 되는 것도 아니다.

데이먼 자하리아데스는《착한 사람을 그만두면 인생이 편해진다》에서 말한다. "누군가 도움을 청할 때 당당하게 거절하는 습관은 당신이 살아가면서 반드시 배워야 하는 중요한 삶의 기술 중 하나다. 거절의 습관은 개인적인 일에서든 업무적인 일에서든 당신이 관심사를 추구할 여유가 생기게 하고, 일상의 곳곳에서 자유를 누릴 수 있게 만들어준다."

10

만만하게 보이지 않는 6가지 방법

주변에 보면 항상 공격 대상이 되는 사람이 있다. 왜 공격 대상이 될까? 만만한 사람으로 간주하기 때문이다.

상대의 비위를 맞추지 마라

아이리는 《서른이면 어른이 될 줄 알았다》에서 "착하다고 아무에게나 휘둘릴 만큼 물렁물렁해서는 안 된다. 사람은 누구나 자신만의 태도와 원칙을 가지고 있어야 한다."라고 했다. 자신을 먼저 생각하는 것이 이기적인 행동이 아니라 오히려 원칙이 있는 현명한 결정이라고 강조한다.

상대의 비위를 맞춰주지 말자. 나를 공격하는 사람에게는 관계를 끊어도 좋다는 생각으로 냉정하게 대해야 한다. 그것이 나를 위한 일이고 현명한 결정이다.

상대가 놀려도 당황하지 않는다

누가 나를 놀리면 무슨 일이 일어날까? 아무 일도 일어나지 않는다. 왜냐면 무반응으로 대처하기 때문이다. 누가 나를 놀리면 문제는 그 사람에게 있는 것이지 나한테 있는 것이 아니다. 관심을 끊어버림으로써 놀리는 사람이 재미를 못 느끼게 하자.

남을 무시하는 사람은 상대가 당황하는 모습을 보이면 더 무시한다. 왜냐면, 자기가 영향력 있는 사람임을 입증하려고 남을 무시하는 것이기 때문이다. 당황하는 모습은 그가 바라는 것이다. 그가 무시하면서 즐거움을 느끼지 못하도록 당당해야 한다. 남을 놀리는 사람은 자기에게 조금이라도 이득이나 즐거움이 없는 일은 계속하지 않는다. 무시해도 끄떡없는 모습을 보여주면 만만하게 볼 사람이 아님을 직감할 것이다.

쓰레기는 돌려준다

쓰레기를 선물로 주는 사람이 있다. 내가 모욕이라 느낄 것을 뻔히 알면서도 막말을 하는 것이다. 나를 만만하게 보고 있다는 증거다. 이런 사람에게는 어떻게 해야 할까?

좋은 선물은 받자마자 고맙다고 인사를 건네자. 반면에 미움, 비난, 욕설 같은 쓰레기 선물을 받았을 때는 선물을 준 사람에게 곧바로 되돌려주자. 선물은 받지 않으면 선물이 아니다.

남을 흉보지 않는다

남을 흉보는 사람에게 동조하지 말자. 내 앞에서 남을 흉보는 사람은 나 역시도 남 앞에서 흉볼 사람이다. 같이 남의 흉을 볼 때는 한편인 것 같지만 마음속으로는 만만하게 볼 가능성이 크다. 어떤 상황에서도 남을 흉보지 않아야 경박하지 않다는 인상을 줄 수 있다. 남을 쉽게 평가하고 흉보는 사람을 멀리하면 사람들이 알아서 나를 존중해준다.

정호승 시인의 시 중에 '남의 흉은 사흘이다'라는 구절이 있다. 다른 사람이 내 흉을 보고 다녀도 고작 사흘이니 너무 신경 쓰지 말자. 타인이 쉽게 하는 말에 너무 무게를 두어 괴로워할 필요는 없다.

진중한 사람은 만만하게 보지 않는다

과거에 만났다가 헤어진 사람 얘기를 할 때가 있다. 안 좋게 끝난 관계라도 불쾌함을 드러내기보다는 함께 지낼 때 행복했던 얘기를 더 많이 하는 편이다. 그 말을 듣는 상대방은 설령 자기와 관계가 어긋나는 일이 있더라도 나쁘게 말하지 않을 사람이라 여기고 더 신뢰하게 된다. 진중한 사람은 만만하게 보지 않는다.

자기 연민에 빠지지 마라

나만 아프고 힘들고 서럽다고 느끼는 건 자기연민 때문이다. 자기연민에 빠지면 세상에서 내가 제일 불행한 사람이 된다.

자기가 힘들고 어려운 상황이면 어떡하든 다시 일어서려는 의지를 갖고 노력해도 될까 말까 한데, 자기의 불쌍한 처지를 위로받으려고만 해서는 안 된다. 그럴수록 더 나약해진다.

11

나중에 뒤통수치는 사람 알아보는 법

믿었던 사람에게 발등 찍힌 경험이 있을 것이다. 다시는 이런 충격적인 일을 겪고 싶지 않은데, 나중에 뒤통수 맞는 일을 또 경험한다. 왜 그럴까? 남을 속이려고 작정한 사람은 철석같이 믿게 수작을 부리기 때문이다. 나를 이용하려는 사람들에게 속지 않으려면 나중에 뒤통수칠 사람이 어떤 사람인지 알아둘 필요가 있다.

과하게 칭찬하고 아부한다

김웅은 《검사내전》에서 "양념과 아부는 비슷하다. 한번 넣기 시작하면 점점 더 많이 들어간다."라고 했다. 칭찬과 아부도 비슷하다. 한번 칭찬과 아부에 맛을 들이면 과하게 해줘야 만족한다. 뒤통수치는 사람은 반드시 과하게 칭찬하고 과하게 아부한다. 칭찬과 아부로 굳게 닫힌 마음의 빗장을 연 다음 미처 대비하지 못한 틈을 타서 뒤통수를 치고 빠진다. 그러니 과한 칭찬이나 아부를 하는 사람은 경계하자.

소설가 김훈의 말을 새겨들으면 뒤통수 맞을 일도 없다. "사람들이 작당해서 나를 욕할 때 나는 이렇게 생각했다. 네놈들이 나를 욕한다고 해서 내가 훼손되는 게 아니고, 나를 칭찬한다고 해서 내가 거룩해지는 것도 아닌 거다. 그러니까 너희들 맘대로 해봐라. 너희들에 의해서 훼손되거나 거룩해지는 일 없이 나는 나의 삶을 살겠다."

이익 앞에서 돌변한다

누구나 자신의 이익이 우선이다. 이해관계를 따져보고 관계를 맺는 것이 나쁜 것은 아니다. 그러나 매사에 자기에게 이익이 될 때와 안 될 때를 구분하여 상대를 대하는 태도가 확연하게 다른 사람은 주의해야 한다.

자기 이익만 챙기려는 사람은 탐욕에 눈이 멀 가능성이 크다. 이익이 있을 것 같으면 입안의 혀처럼 굴다가 자기가 조금이라도 손해 볼 것 같으면 태도가 180도 바뀐다.

뭐 한 가지라도 해주고 나서는 자기가 해준 것만큼 왜 안 해주냐고 서운해하는 사람, 계산하면서 기대한 만큼 받지 못하면 관계가 서먹해지는 사람은 나중에 뒤통수를 칠 가능성이 크다.

단기간에 급속히 친해진 사람

좋은 관계는 서로 신뢰를 쌓아가는 것이다. 그런데 신뢰를 쌓기도 전에 서두르거나 조급해하는 사람들이 있다. 서로 잘 맞아서 빠르게 친해지는 경우도 있지만, 상대가 바라는 이익이 있어서 단기간에 급속히 친해지고 거리가 좁혀졌는지 주의 깊게 살펴야 한다. 인간관계에는 적정한 선이 있고 그것을 지켜야 신뢰가 쌓인다. 상대가 넘지 말아야 할 선을 침범하면서 문제에 휘말리기 시작한다면 뒤통수를 칠 가능성이 크다.

같이 합의해놓고 나중에 다르게 말한다

일할 때 중요한 결정을 내려야 하는 순간이 있다. 이때, 알아서 하라고 한 사람이 나중에 딴말하는 경우가 종종 있다. 비즈니스를 할 때는 계약서를 쓰지만, 사적인 일에서는 구두로 약속하는 일이 많아서 이런 일이 자주 일어난다. 나중에 뒤통수치는 사람은 이 점을 악용하여 자기 이익을 챙기려고 하니 주의해야 한다.

거짓말을 밥 먹듯이 한다

거짓말을 안 하는 사람이 있을까? 선의의 거짓말도 거짓말이다. 힘들어도 힘들지 않다고 하고, 괜찮지 않아도 괜찮다고 하는 선의의 거짓말. 그러나 나쁜 거짓말에는 문제가 있다. 작은 거짓말을 하다 보면 계속 거짓말이 필요해서 상대를 속이는 더 많은 거짓말을 반복하는 것이다. 이것이 나쁜 거짓말의 실체다. 여기에 사악한 마음이 끼어들면 사기가 되는 것이다. 사기꾼은 자기의 거짓말을 감추기 위해 더 많은 거짓말을 한다.

상대의 거짓이 밝혀지기 전에 어떻게 거짓말인지 알 수 있을까? 자기합리화가 심하고, "거짓말이지?" 하고 떠볼 때 언성을 높이고 화를 낸다면 거짓말을 하는 것이다. 뒤통수치는 사람은 남한테 피해를 주고도 죄책감이 없다. 오히려 자랑스럽게 떠벌리고 다니기도 한다.

12

쉽게 선을 넘는 사람이 자주 하는 말

만나고 헤어지는 관계도 많지만 끈끈한 관계를 계속 이어가는 만남도 적지 않다. 관계를 유지하는 일은 쉽지 않다. 어느 정도의 거리, 어느 정도의 무게가 실려야 하는지 서로 생각과 처지가 다르기 때문이다. 분명한 것은 쉽게 선을 넘는 관계는 오래가지 못한다는 것이다.

이게 다 너를 위해서 하는 말인데

"이게 다 널 위해서야." 하며 운을 떼고 팩트 폭행을 하는 사람들이 있다. 제 딴에는 상대가 잘되기를 바라는 마음에서 하는 말이지만, 그것이 과연 상대를 위해서 하는 말일까? 그보다는 상대를 자기의 바람대로 유도하려는 의도가 다분히 깔려 있다고 봐야 한다. 상대를 위해서 하는 말보다는 자기를 위해서 하는 말에 더 무게감이 실린다.

평균도 안 돼

'평균'이란 말은 학교에서, 사회생활하면서 많이 듣는다. "평균 이상이다." "평균에 못 미친다." "평균만이라도 좀 해봐라!" 이 말은 남과 비교해서 하는 말이니 들을 때 기분이 썩 좋지 않다. 평균이라니! 도대체 평균의 기준이 뭐란 말인가? 평균 이상으로 살아야 잘사는 것인가?

선을 넘는 사람들은 늘 평균에 집착한다. 마치 평균도 안 되는 사람과 같이 있으면 자기 체면이 안 서는 것처럼.

다 그러니까 괜찮아

"괜찮다"라는 말은 자존감을 얘기할 때 '너로 살아도 괜찮아' 하면서 위로와 격려할 때 자주 쓴다. 그러나 자존심을 얘기할 때는 '너만 못난 거 아니니까 괜찮아'라는 의미로 쓰인다. 자기가 한심하게 느껴져서 이 불킥을 할 때 자책의 늪에서 빠져나오게 하는 말이기도 하다.

그러나 우리는 잘난 인간도 아니고 못난 인간도 아니다. 남들이 나를 잘난 인간으로 본다고 내가 잘난 인간이 아니고, 남들이 나를 못난 인간이라 얘기한다고 내가 못난 인간인 것도 아니다. 세상에 잘난 인간, 못난 인간이 어디에 있는가! 이런 이분법적 개념에서 벗어나야 관계에서 선을 넘지 않는다.

우리 사이에 비밀은 없어야지

마음이 맞는 친구에게는 속을 터놓고 이야기한다. 둘 사이에 비밀이란 게 거의 없다. 그런데 둘만 아는 내밀한 이야기를 제삼자가 알아서 당황할 때가 있다. 친구와 멀어지는 것은 둘만 아는 비밀이 밖으로 새어 나갔을 때이다.

친구끼리도 지켜야 할 선이 있다. 정신분석 전문의 성유미는《이제껏 너를 친구라고 생각했는데》에서 "인생은 좋은 사람을 붙잡지 못하는 것보다 보내야 할 사람을 '제때' 보내지 못할 때 더 크게 훼손되는 법이다."라고 했다. 인간관계에서는 선을 지키는 게 중요하다. 지켜야 할 선을 자주 침범한다면 부당하다고 정확하게 말해야 한다. 너를 떠나보낼지도 모른다며.

13

아무리 친해도 절대로 하면 안 되는 4가지

가족이나 친구, 친한 선후배나 동료는 편해서 말이나 행동을 조심하지 않고 실수하기 쉽다. '가까운 사이니까 뭐든 이해해줄 거야.'라고 생각하기 때문에 상대에게 불쾌감을 주고도 잘 모른다. 친구도 남이 되는 건 한순간이다. 아무리 친해도 절대로 하면 안 되는 것들을 살펴보자.

신세타령을 하지 않는다

가까운 사람들끼리는 속 깊은 얘기도 한다. 그러나 만날 때마다 매번 힘들다, 괴롭다면서 자기 신세타령을 한다면? 가슴속에 쌓인 것들을 내뱉고 나면 속은 후련하겠지만, 매번 똑같은 얘기를 듣는 사람 입장에서는 피곤할 수밖에 없다. 한두 번은 투정을 받아주고 위로의 말을 건네줄 수는 있어도 계속되면 얼굴을 마주하기조차 싫어진다. '너만 힘드냐 나도 힘들다' 식으로 말할 수도 없고, '네 문제는 네가 알아서 좀 해라'라고 말할 수도 없고.

어처구니없는 것은 '신세타령은 그만 좀 하라'는 눈치를 주면 자기를 존중하지 않는다며 야박하게 군다고 한다. 자기를 위로해주지 않고 감싸주지 않으면 '우리 사이가 이 정도밖에 안 되냐'며 서운해한다. 스스로 해결해나갈 문제이니 지켜보는 사람 입장에서는 안타까운 마음뿐인데, 자기 마음을 몰라준다는 식이다. 아무리 친해도 자잘한 신세타령은 정도껏 해야 한다.

자주 불평하지 않는다

성공학의 대가인 루 홀츠는 "당신이 불평을 늘어놓은 상대방의 80%는 당신의 불평을 해결해주기는커녕 전혀 관심도 없을 것이다. 그리고 나머지 20%는 당신에게 문제가 있다는 것을 알고 오히려 기뻐할 것이다."라고 했다. 이 말은 불평은 100% 도움이 되지 않는다는 것이다. 아무리 친한 사람이라도 불평만 늘어놓는 사람은 좋아하지 않는다.

자주 불평하면 늘 불평을 들어주는 사람은 '이 사람은 나를 적당히 대하고 있구나, 좋아하지 않는구나, 온 힘을 다해 좋아하는 내 마음을 가볍게 여기는구나.'라고 생각할 수 있다. 남들 앞에서 하는 불평은 입만 아프고, 관계에 아무런 도움도 되지 않는다. 오히려 독이 되면 모를까.

정서적 협박을 하지 않는다

친구가 부탁을 안 들어주면 "이런 간단한 부탁 하나 안 들어주면서 친구는 무슨." 하면서 섭섭함을 토로한다. 이런 것이 정서적 협박이다. 가까운 사이니까 꼭 부탁을 들어줘야 하는 건 아닌데 말이다. 이렇게 친하다는 이유로 당연히 책임감을 요구하고 그것이 여의치 않으면 죄책감을 느끼게 말했는지 한번 돌아보자.

관계의 경계선을 침범할수록 서로 멀어질 수밖에 없다. 정서적 협박으로 원하는 것을 얻어낸다고 해도 상대방은 진심으로 해주는 것이 아니라 관계가 깨질까 봐 불안하여 들어주는 것이다. 책임감에도 적정한 선이 있다.

내가 하기 싫은 일을 남에게 떠넘기지 않는다

《대학》에 '혈구지도絜矩之道'란 말이 나온다. '자기를 척도로 삼아 남을 생각하고 살펴서 바른길로 향하게 하라'는 의미다. 이 말은 윗사람에게서 싫다고 느꼈던 것을 아랫사람에게 시키지 않으며, 아랫사람에게서 싫다고 느꼈던 것을 가지고 윗사람을 섬기지 않으며, 앞사람에게서 싫다고 느꼈던 것을 가지고 뒷사람을 이끌지 않으며, 뒷사람에게서 싫다고 느꼈던 것을 가지고 앞사람을 따라 하지 않으며, 오른쪽 사람에게서 싫다고 느꼈던 것을 왼쪽 사람에게 건네지 않는다는 의미다. 내가 귀찮은 일은 다른 사람에게도 귀찮은 일이다. 내가 하기 싫은 일을 다른 사람에게 떠넘기지 말자.

14

귀티 나는 사람이 절대 하지 않는 행동 4가지

용모나 몸가짐에서 귀티가 나는 사람들이 있다. 외모뿐 아니라 말투나 행동에서 '나는 나를 귀하게 여기는 사람이다'라는 것이 드러난다. 귀티 나는 사람은 해서는 안 되는 것들을 하지 않아서 귀티가 나는 것이다.

진심으로 칭찬할 뿐 아부를 하지 않는다

귀티 나는 사람은 칭찬할 때 가식적으로 하지 않는다. 칭찬을 하는 사람이나 듣는 사람이 모두 기분 좋은 칭찬을 한다. 그 사람이 실제로 한 팩트를 가지고 칭찬하기 때문에 아부로 오해받지도 않는다.

칭찬과 아부를 어떻게 구분할까? 아부를 잘하는 사람은 자기가 칭찬한 사람을 뒤에서 험담한다. 그런 모습에서 칭찬이 가식적임을 알 수 있고 그 사람의 이중적인 모습을 볼 수 있다.

말에는 책임이 따라야 한다. 다른 사람에 대한 험담은 동시에 세 사람에게 상처를 준다. 한 사람은 험담을 듣는 당사자이고, 또 한 사람은 그에 맞장구치는 사람이며, 가장 심하게 상처를 입는 사람은 험담을 입에 담아 누군가를 비난하는 바로 그 자신이다.

남을 험담하고 싶은 충동이 일 때는 그 사람을 험담할 때 그의 가족 전부를 헐뜯는다고 생각하면 저절로 입이 꾹 다물어진다. 웬만하면 험담은 하지 말자. 내 마음이 먼저 더러워지니까.

자기과시를 하지 않는다

귀티 나는 사람은 돈과 힘이 있어도 과시하지 않는다. 그보다는 자기 이름 석 자를 더 소중히 여긴다. 이름값은 곧 존재감이다. 어떤 일을 하든지 자기 이름을 걸고 하는 행동에는 진실성이 있다. 자기 이름을 소중히 여기는 사람치고 귀티 나지 않는 사람은 없다.

자기 권리를 빼앗기지 않는다

귀티 나는 사람은 존중받는 법을 알고 있다. 자기 생각과 감정을 애매하게 표현하지 않고 정확하게 말한다. 말하고 싶지 않은 질문에는 침묵한다. 칭찬을 들으면 담백하게 "감사합니다"라고 답한다. 과하게 리액션을 하지 않는다. 들어주고 싶지 않은 부탁은 완곡하게 거절한다. 혼자 있고 싶을 때는 약속을 잡지 않고 휴식을 취한다. 카톡을 할 때도 이모티콘을 남발하지 않는다. 이런 행동은 자존감에서 나온다. 남들이 알면서도 못하는 것을 귀티 나는 사람은 하고 있을 뿐이다. 기본적인 자기 권리를 존중하지 못하면 남에게 내 권리를 빼앗긴다.

남의 욕망을 흉내 내지 않는다

우리는 타인의 인정과 칭찬에 목마르다. 그래서 자본주의 사회에서 남들이 따르는 라이프스타일을 추구하려고 애를 쓴다. 김정운은 《가끔은 격하게 외로워야 한다》에서 "인간의 욕망은 영원히 충족될 수 없다. 흉내 내야 하는 타인의 욕망은 무한하기 때문이다."라고 했다. 잘나가는 누군가의 삶을 흉내 내는 것이 정말 내가 원하는 삶인가? 귀티 나는 사람은 남의 욕망을 흉내 내려고 하지 않는다. 자기만의 스타일이 있다. 그 스타일이 화려해서가 아니라 자기만의 스타일이기에 사람들의 선망의 대상이 되는 것이다.

15

인연이 아닌 사람

잘 맞지 않는 사람은 아무리 노력해도 인연이 안 된다. 사사건건 부딪치고 나를 힘들게 한다. 인연이 아닌 사람에게 소중한 시간과 에너지를 낭비하지 말고 나에게 중요한 사람들과 좋은 시간을 보내는 게 낫다.

자기가 원하는 대로 상대를 바꾸려고 한다

사랑은 자기 입맛에 맞게 상대를 바꾸는 것이 아니다. 상대를 마음대로 조종해서 자기가 원하는 사람으로 만드는 것이 아니다. 있는 그대로 그 사람을 인정해주는 것이 사랑이다. 데이비드 번즈는 《관계수업》에서 "인간관계의 문제는 서로 사랑하는 방법을 몰라서라기보다는 사실 서로 사랑하고 싶어 하지 않기 때문에 생긴다고 할 수 있다."라고 했다. 사람을 다루는 것과 사랑하는 것은 완전히 다르다.

기분 나쁘게 말한다

인연이 아닌 사람은 나를 존중하지 않는다. 말을 함부로 해서 기분 나쁘다고 반응하면 농담이라며 얼버무린다. 농담도 상대가 상처받는다면 농담이 아니다. 만날 때마다 웃게 해주는 것은 바라지도 않지만, 늘 상처받고 피해의식을 갖게 한다면 인연이 아닌 사람이다.

나를 존중하는 사람은 부탁했을 때 정중하게 거절해도 내가 그럴 만한 사정이 있음을 이해해준다. 그러나 나를 존중하지 않는 사람은 부탁을 들어주지 않으면 뒤에서 욕을 한다. 인연이 아닌 사람은 거절할 때의 반응을 보면 확실히 알 수 있다.

최고의 복수

나에게 상처 주고 떠난 사람이 미울 것이다. '애초에 이런 사람을 만나지 말았어야 했는데' 하며 그 사람을 원망해봤자 나만 손해다. 나를 떠난 사람이 부러워할 정도로 내가 행복하게 사는 것이 가장 멋진 복수다.

주기보다는 바라는 게 많다

하나라도 줄 마음은 없으면서 계속 바라기만 하는 것은 이기적인 욕심이 가득한 것이다. 아무리 주어도 아깝지 않은 것이 인연이다. 인연은 같이 있는 것만으로 편하고 따뜻한 것이다. 이해와 존중 말고는 다른 이유가 없는 것이 인연이다.

과거 일을 자꾸 들먹인다

살면서 겪었던 비참함과 수치심, 모욕감이 울컥 올라올 때가 있다. 다 지난 일이다. 너무 괴로워하지 말자.

그런데 자꾸 지난 과거 일을 끄집어내어 언급하는 사람이 있다. 지난 일의 허물을 문제 삼는 것이다. 자꾸 과거를 들먹이는 것은 지금 있는 그대로의 나를 존중하지 않기 때문이다. 과거에도 문제가 있었고 지금도 문제가 있다고 간접적으로 말하는 것이나 다름없다. 과거가 아니라 지금 있는 그대로의 모습을 사랑해주고 믿어주는 것이 좋은 인연이다. 좋아하는 사람이 자기 삶을 제대로 살도록 하는 것이 좋은 인연이다.

관계에서 조건을 따진다

'사랑은 조건을 보고 하는 것이 아니라 무조건으로 하는 것이다.' 이 말이 가슴에 남는다. 조건을 따지고 그중에서 제일 좋은 조건을 갖춘 사람을 찾는다면 과연 사랑일까? 마음처럼 간사한 것은 없다. 마음이 변하면 당연히 원하는 조건도 달라질 수밖에 없다. 그래서 사랑은 무조건으로 하는 것이다. 세상에 모든 조건을 갖춘 사람은 없기에.

가족이라도 미운 것은 미운 것이다

사이가 안 좋은 가족 때문에 괴로워하는 사람들이 꽤 많다. 연을 끊고 싶다는 사람도 있다. 그런데 남이 아니라 가족이기에 그게 쉽지 않아서 괴로운 것이다. 가족이라도 미운 것은 미운 것이다.

가족끼리는 정말 솔직하게 의사소통을 한다. 하지만 문제는 상대방의 입장을 헤아리지 않고 솔직한 것이다. 그래서 아무 말 대잔치일 수밖에 없다. 가족에게 받는 상처는 남에게 받는 상처보다 더 깊다.

가족 간에는 양보를 당연시하는 분위기다. 그러나 세상에 당연한 건 없다. 명분도 없이 가족이니까 양보하라고 해서는 안 된다. 계속 양보해주면 나중에는 당당하게 양보할 것을 요구하기도 한다. 계속 상처를 받는다면 솔직하게 말해야 한다. 참으니까 계속 상처를 주는 것이다.

16

손절해야 할 사람의 특징

사람들과 멀어질 때는 심각한 일이 발단이 되기도 하지만 대부분은 사소한 일 때문에 기분을 망쳐서 문제가 생긴다. 그러나 별것 아닌 일에서 그 사람의 존중과 배려가 어느 정도인지를 알아차릴 수 있다.

도움을 받고도 고마워하지 않는다

남을 돕는 것도 어찌 보면 내가 편하기 위해서다. 도와주자니 귀찮은데, 안 도와주자니 마음이 불편해서 도와주는 경우도 있다.

도와줄 때는 대가를 바라지 않고 도와준다고 해도 도움을 받은 사람에게 고맙다는 말 한마디 정도는 듣고 싶어 한다. 그런데 도움을 받고도 전혀 고맙게 여기지 않는 사람은 또 도와주고 싶은 마음이 들지 않는다.

지난번에는 도와주고 왜 이번에는 도와주지 않냐며 오히려 서운해하는 사람이 있다. 고마움을 모르는 사람은 손절해야 한다. 뒤끝이 좋지 않기 때문이다.

만날수록 기분이 찝찝하다

친한 사이라도 친절한 타인일 수밖에 없다. 누구도 내 삶을 책임질 수 없는 거니까. 그래서 친한 사람들은 아무리 친해도 할 말 안 할 말을 가려서 한다. 그런데 만난 지 얼마 안 된 사람이 내 삶에 깊이 침범하여 함부로 충고한다면? 만날 때마다 말다툼하고 결국에는 그 사람을 피하고 싶어질 것이다. 서로의 경계를 존중하지 않고 사려 깊게 나를 배려해주지 않는 사람을 계속 만날 이유가 없다. 각자의 삶을 존중하지 않기 때문이다. 이 세상에서 그 누구도 나의 가치를 깎아내릴 수는 없다.

공감 능력이 전혀 없다

동창 모임에 갔는데, A가 무표정으로 앉아있었다. 많이 지쳐 보였다. 옆에 있던 B가 "오랜만에 만났는데 좀 웃어라." 하며 A의 어깨를 툭 쳤다. A는 회사를 그만두고 싶다며 어렵게 얘기를 꺼냈다. 나는 생각했다. '아, A가 사람을 대할 기운조차 남아있지 않구나.'

B는 웃음을 강요하기보다는 왜 A가 무표정으로 앉아있는지 먼저 A의 감정을 읽어내려고 했다면 A에게 상대에 대한 배려가 있는 좋은 친구로 기억되었을 것이다.

그런데 B는 한술 더 떠서 "당장 때려치워. 너는 능력이 출중하니까 어디서든 환영할 거야."라고 말했다. A가 왜 회사를 그만두려고 하는지, 지금 어떤 상황이고 어떤 기분인지 잘 알지도 못하면서 B는 남의 일이라고 쉽게 생각하는 것 같았다.

'그동안 얼마나 힘들었으면 회사를 그만두려고 할까?'

'지금 내가 A라면 기분이 어떨까?'

공감 능력이 있는 사람이라면 이렇게 생각했을 것이다. 그러나 B는 격려한답시고 자기 얘기를 늘어놓았다. "겨우 그 정도 일로 회사를 그만둔다고? 나는 회사에서 이런 일이 있었어……."

공감 능력이 없는 사람은 정말 손절하고 싶다.

원래 그런 자신을 이해해달라고만 한다

불같이 화를 내놓고선 자기가 원래 욱하는 성질머리가 있으니 이해해달라고 하는 사람이 있다. 이럴 때 나는 "저도 원래 잘 참지 못하니 이해해달라"며 반격한다. 원래란 것이 어디 있는가. 자기가 욱하는 성질머리가 있으면 참고 고치려고 해야지 당당하게 이해해달라니. 결국 인

내심을 갖고 자기한테 맞춰달라는 얘기밖에 안 된다.

사람은 저마다 다르다는 것을 모르는 것이 아니다. 상식적으로 한 사람을 모두 이해할 수 없는 것도 잘 안다. 그런데 자기가 원래 그런 사람이니까 이해해달라는 것과 상대가 '그럴 수도 있지. 원래 그런 사람이니까'라고 생각하는 것은 다르다. 자기 모습이 마음에 들지 않는다면 바꾸려고 노력을 해야지 선포하고 맞춰달라는 것은 예의가 아니다.

필요할 때만 연락한다

관계에서 연락을 주고받는 것은 중요하다. 그만큼 관심이 있어서 연락하는 것이다. 그런데 자기가 도움을 받을 일이 생겼을 때만 연락해서는 곤란하다. 사람을 이익의 도구로만 이용하려는 것이다. 이렇게 연락해서 부탁하면 들어주고 싶은 마음이 하나도 없다. 부탁을 들어주고 싶어도 자기가 필요할 때만 연락해서 부탁하는 것이 얄밉고 싫기 때문이다.

17

적을 만들지 않는 사람의 특징

10번 만났는데 한 번이라도 큰 실수를 하면 돌이킬 수 없는 것이 인간관계다. 관계에서는 될 수 있는 한 적을 만들지 말라고 하는데, 그 이유는 열 명이 하는 칭찬보다 한 명이 하는 혹평이 더 크게 들리기 때문이다.

질투심을 자극하지 않는다

내가 가진 것과 남이 가진 것을 비교했을 때 남이 좋은 것을 더 많이 가지고 있으면 질투라는 감정이 생긴다. 결국 비교함으로써 생기는 것이 질투다. 적을 만들지 않는 사람은 자랑할 일이 있어도 우쭐거리지 않고, 거만을 떨기보다는 겸손한 태도를 유지하므로 질투심을 자극하지 않는다.

그런데도 시샘하고 질투하는 사람이 있는데, 인간의 본능이니 어쩔 수 없다. 마음속으로 '잘나서 미안합니다!' 하고 대수롭지 않게 넘겨버리면 된다.

나는 나대로 멋있고 너는 너대로 멋있다. 그러니 비교하지 말자. 질투하지도 말고 부러워하지도 말자.

몸가짐을 바르게 한다

선한 평판을 쌓은 사람도 어느 순간 그동안 힘들게 구축해 온 이미지를 한꺼번에 무너뜨리는 실수를 한다. 승승장구하던 사람이 여자 문제, 돈 문제에 관련되어 명예가 실추되고 한 번에 몰락하는 일을 심심치 않게 본다. 몸가짐이 바르지 못하면 신뢰하던 사람들이 등을 돌려 적이 되고 만다. 아주 높은 윤리적인 잣대를 자신에게 들이밀 필요가 있다.

배신에 대처하는 자세

"믿었던 사람이 배신할 줄은 몰랐어요." 나의 고객인 사장님이 배신의 아픔을 토로했다. 나는 그분에게 장일순 선생님께서 하신 말씀을 들려주었다.

"바르게 살았는데 누가 등 뒤에서 배신의 칼을 꽂으면 칼을 빼서 자네 옷으로 칼에 묻은 피를 깨끗이 닦은 다음 그 칼을 그 사람에게 공손하게 돌려줘. 그리고 나를 찌르느라고 얼마나 힘들었냐고, 고생했다고 그 사람에게 따뜻하게 말해줘."

배신이 난무하는 세상에서 선생님의 말씀은 귀한 울림이 있다.

2장

자기관리 잘하는 사람은 이렇게 한다

앞으로 나아가지 않고 제자리에서만 맴도는 사람은
그 자리가 편하고 익숙하기 때문이다.
조금이라도 불편하고 괴롭다면
1분 1초도 그 자리에 머물지 않을 것이다.

18

부정적인 생각을 떨쳐버리는 4가지 방법

'지독하게 힘든 상황인데 긍정적인 생각을 한다고 뭐가 달라지겠어.' 혹시 이렇게 생각하는가? 긍정적인 생각을 하는 사람은 긍정적인 생각이라도 해야 힘든 상황을 버틸 수 있기에 있는 힘을 다해 긍정적인 생각을 하는 것이다.

부정적인 생각은 딱 1분만

지금 나에게 주어진 환경은 내 삶의 전부가 아니다. 환경이라는 일부 조건일 뿐이다. 척박한 환경을 내 삶의 제약으로 받아들일 건지, 내 삶의 일부 조건이니 충분히 변화할 수 있다고 확신할 것인지는 내가 결정할 일이다. 현재 환경을 비관하고 분노할 것인지, 이 환경을 극복할 것인지는 생각에서 비롯된다. 전자는 부정적인 생각이고 후자는 긍정적인 생각이다. 부정적인 생각으로 삶을 비관하는 것은 현명한 태도가 아닐뿐더러 건강한 감정에도 유익하지 못하다.

나는 부정적인 생각에 사로잡힐 때는 마음껏 분출한다. 내 감정을 상하게 한 사람을 생각하며 욕을 한 바가지 한다. 돈 없다고 업신여긴 사람, 공정하지 못하게 일을 처리한 사람을 생각하며 후련하게 불만을 터뜨린다. 이때 조건이 하나 있다. 딱 1분만 그렇게 한다. 직접 해보면 알겠지만, 1분은 꽤 긴 시간이다. 그러고 나면 더는 부정적인 생각의 노예가 되지 않고 나를 옭아맸던 비관과 분노의 사슬을 끊어낸 자유인이 된다. 그런 다음 내 삶을 변화시킬 일에 에너지를 집중한다.

좋다, 나쁘다 이분법으로만 생각하지 않는다

생각이 부정적인 사람의 패턴은 이분법이다. 좋다, 나쁘다. 맞다, 틀리다. 옳다, 그르다. 이 이분법적 생각 패턴이 부정적으로 생각하는 주요 원인이다. 다 좋은 것도 없고 다 나쁜 것도 없다. 다 맞는 것도 없고 다 틀리는 것도 없다. 좋게 보면 좋게 보이고 나쁘게 보면 나쁘게 보일 뿐이다. 이분법적 생각 패턴은 부정적인 한 면을 보고 전체를 싸잡아 나쁘게 보게 한다.

나 역시도 어떤 사람의 한 단면을 보고 전부라도 되는 듯이 오해한 적이 있다. 첫 미팅 때 약속 시간보다 30분이나 늦은 사람을 보고 '약속 시간도 지키지 않는 사람과 무슨 비즈니스를 하겠어.' 하고 민감하게 반응

했다. 그분이 약속 시간 30분 전에 전화로 "조금 늦을 것 같습니다. 죄송합니다. 빨리 가겠습니다."라고 정중하게 양해를 구했지만, '출발을 늦게 해놓고 변명하고 있네.'라며 수작을 부리는 것으로 판단했다. 그러나 직접 대면해서 얘길 들어보니 그럴 만한 사정이 있었다. 나중에 안 일이었지만 그분의 성실함은 업계에서 인정하고 있었다. 좋다, 나쁘다 이분법적으로만 생각하면 진실은 왜곡되고 오해가 싹틀 수밖에 없다. 부분을 전체로 확장하는 '지나친 일반화'는 부정적인 생각에서 비롯된다.

부정적인 감정에 질질 끌려다니지 않는다

문자 메시지를 보냈는데 상대가 읽지 않을 때, 메일을 보냈는데 답이 없을 때 사람들의 반응은 제각각이다. '바쁜가 보다.'라고 긍정적으로 생각할 수도 있고, '나를 무시하나.'라고 부정적으로 생각할 수도 있다. 생각은 자신의 현재 기분 상태에 영향을 받는다. 기분이 좋을 때는 대수롭지 않게 넘어갈 일인데 기분이 나쁠 때는 예민하게 반응하는 것이다.

부정적인 생각에 사로잡힌 사람은 심지어 오래전에 자기가 인사했는데 안 받아줬던 일까지 기억해내며 상대가 자기를 무시했던 경험을 소환한다. 결국 오해가 풀리기 전까지는 부정적인 생각에 끌려다닌다. 심하면 마음속으로 그 사람을 갈기갈기 찢어놓기도 한다.

부정적인 생각에 빠져들면 결국 다치는 것은 상대가 아니라 내 마음

뿐이다. 나는 부정적인 생각에 압도될 때는 생각의 리셋 버튼을 누른다. 다시 시작! 그러면 긍정적인 생각이 서서히 차오른다. '문자 메시지 안 읽은 것뿐이고, 메일에 답을 안 한 것뿐인데 너무 오버하고 있군.' 이렇게 부정적인 사고 영역을 축소하고 긍정적인 사고 영역을 확장할 수 있다.

우선 쓰고 나서 생각한다

신경정신과 전문의인 최주연은 《불안해도 괜찮아》에서 "관계에 불안감이 생기고 자신에 대한 열등감이나 헤어짐에 대한 두려움이 생기면 상대의 마음을 알려고 애쓰고 작은 단서를 가지고 상대의 마음을 아는 것처럼 단정 지어서 행동하게 된다."라고 했다. 관계가 불안하면 자신감은 온데간데없고 냉정을 잃어버리고 생각이 부정적인 쪽으로 치우칠 수밖에 없다.

이럴 때는 냉정해지기 위해 제일 먼저 할 일이 있다. 공책에 내가 왜 불안한지를 적어나가는 것이다. 우선 쓰고 나서 생각하면 분명하게 알게 된다. 부정적인 생각이 나를 망치고 있다는 것을. 별것 아닌 것처럼 보이지만 효과가 크다. 손으로 생각을 옮겨 적다 보면 실타래처럼 얽히고설킨 생각이 차분하게 정리된다. 생각하면서 쓰지 말고 일단 쓰고 나서 생각하자.

19

미루는 습관을 바꾸는 4가지 방법

자기관리를 잘하는 사람과 못하는 사람이 극명하게 차이 나는 것이 하나 있다. 그것은 미루는 습관이 있느냐 없느냐이다. 성공하는 사람은 하기 싫은 일도 미루지 않는다. 왜냐하면 구체적인 목표가 있고 자신감이 있어서 무슨 일이든 회피하지 않기 때문이다.

당장 해야 할 구체적인 목록을 작성한다

왜 미룰까? 일을 두려워하기 때문이다. 처음 하는 일이라서, 잘 몰라서, 자신감이 없어서. 이런저런 이유로 일을 회피하다 보니 결국 미루게 되는 것이다. 한 번 미루면 계속 미루게 된다.

미루는 습관은 정말 독이 되는 무서운 습관이다. 당장 해야 할 일을 뒤로 미루는 것이 별문제 없어 보이지만, 이것이 습관이 되면 인생을 망치게 하는 절대적인 방해물이 된다. 일을 미루는 사람은 그 시간에 게으

름, 방탕의 맛에 빠지고 성장하는 일에는 둔감해진다.

나는 귀찮고 하기 싫어 소파에서 뒹굴뒹굴하고 싶을 때 구체적인 목표에 부합하는 실천 목록을 작성한다. 예를 들면, '스트레칭 10분, 청소 10분, 세탁 5분, 감사일기 5분' 이런 식이다. 이렇게 당장 할 일을 구체적으로 쓰면 쓴 대로 하게 된다. 막연하게 생각만 하는 것과 손으로 직접 쓰는 것은 엄청난 차이가 있다. 해야 할 일을 적으면서 그 행동을 했을 때의 상쾌함, 즐거움을 마음속에 그리게 되고, 안 하고 싶은 유혹을 떨쳐낼 수 있다.

완벽주의에서 벗어난다

미루는 것은 개인의 성향이다. 이런 성향을 지닌 사람들은 대부분 돌다리도 두드려보면서 건넌다. 모든 돌을 두드린 다음에 발을 떼려고 하니 자꾸 일을 미루게 된다. 돌을 두드려보느라 막상 건너야 하는 개울 앞에 덩그러니 서 있는 꼴이다.

일에 완벽이란 것이 있을까? 완벽하지 않음을 용납할 수 없다는 태도는 좋지만, 자신의 기준만 높을 뿐 결과물은 만족스럽지 못하다. 이것은 집착이나 강박증에 가깝다. 일을 미루지 않으려면 '완벽해야 하는데 완벽하지 못하면 어쩌지' 하는 불안감을 내려놓아야 한다. 실수 좀 하면 어떤가. 실수는 바로잡으면 된다. 완벽한 기준을 세워놓고 거기에 도달하지 못했다고 자신을 한심하게 여길 필요도 없다. 100점짜리 목표에 집착해서 스트레스를 받는 것보다 60점 정도로 만족하고 불만족한 부분은 다시 잘하려고 노력하면 되는 것 아닌가. 완벽할 때까지 미루는 것보다는 일단 해보는 것이 중요하다. 해본 만큼 경험이 늘어나니까.

완벽하지 않아도 괜찮다. 어떤 일에는 빈틈이 있고 또 어떤 일은 야무지게 잘하는 것이지 모든 일을 완벽하게 할 수는 없다.

카운트다운을 하고 곧바로 시작하기

5, 4, 3, 2, 1. 로켓을 발사할 때는 발사 순간을 0으로 하고 초를 거꾸로 세어 간다. 그러고 발사! 미루는 습관이 있다면 무슨 일이든 시작하기 전에 카운트다운을 해보자. 특히 데드라인 막판까지 몰려야 일을 시작하는 사람이라면 이 방법을 추천한다.

일을 미루는 고수들은 막판에 몰려야 자신의 잠재력이 극대화된다고 너스레를 떨지만 그것은 근거 없는 자기 믿음일 뿐이다. 완성도는 둘째치고 시간을 지키는 게 더 중요하다. 바둑을 둘 때 초읽기 시간을 넘기는 것보다 차선의 수라도 놓는 것이 더 낫듯이.

일을 미룬다는 것은 자기 통제가 안 된다는 것이다. 스스로 5, 4, 3, 2, 1. 카운트다운을 해놓고 일을 시작하지 않는다면 그야말로 자기 통제가 안 되는 사람이다. 그러나 대다수는 카운트다운을 한 뒤에는 우주를 향해 날아가는 일(당장 해야 할 일)을 더는 미루지 않는다.

우선순위를 정해서 가장 중요한 것부터

우리가 하는 일은 대부분 4가지다. 꼭 해야 할 일(중요하고 긴급한 일), 해야 할 일(중요한 일), 다른 사람에게 맡겨도 되는 일, 하지 않아도 되는 일이다. 이렇게 해야 할 일 중에 어느 것부터 해야 할까? 우선순위를 정해야 한다. 당연히 나에게 가장 중요하고 긴급한 일을 제일 먼저 하는 게 맞다. 이것은 시간을 집중해서 가장 먼저 해야 한다. 이때 중요한 일과 긴급한 일을 구분해야 한다. 급한 일이 중요한 일인 경우는 드물고, 중요한 일이 급한 일인 경우도 드물다. 어느 때든 중요한 일이 급한 일보다 앞서야 한다.

가장 중요한 일부터 하나씩 처리하다 보면 하지 않아도 되는 일에 시간을 낭비하지도 않고 다른 사람에게 맡겨도 되는 일을 하느라 스트레스를 받지도 않는다. 우선순위를 정해서 일하는 습관은 일을 미루지 않게 할 뿐만 아니라 장기적이면서 중요한 인생의 과제를 하루도 빠짐없이 하게 만드는 중요한 삶의 기술이다. 미루는 습관을 고치면 연쇄작용을 일으켜서 그 밖의 안 좋은 습관을 바꾸는 것은 시간문제다.

20

하루를 48시간처럼 효율적으로 쓰는 방법

시간은 금이다. 시간에 관한 명언은 많다. 한 번뿐인 인생을 살 때 시간을 잘 활용해야 한다는 방증이다. 그러나 시간의 가치를 돈으로 환산해서 알려주어도 우리는 시간을 헛되게 흘려보낸다. 반면에 하루를 24시간이 아닌 48시간처럼 값지게 쓰는 사람들도 있다.

하루를 시간대가 아닌 우선순위로 계획한다

엑셀 파일에 오늘 할 일을 기록하는 사람과 얘기한 적이 있다. 일과를 시간대별로 상세히 기록했다. 오전 9시부터 10시까지는 청소하고, 10시부터 11시까지는 운동하고……. 계획표대로 시간을 사용하냐고 물었더니 지키는 날도 있고 못 지키는 날도 있다고 답했다. 시간기록표까지 만들어 열심히 사는 모습을 응원해주었다.

그러나 하루 계획표를 시간대별로 짜는 것은 효과가 작다. 계획에 따라 주도적으로 사는 것 같지만 관성에 떠밀려 지키지 못할 가능성이 크다. 계획표에는 청소할 시간인데 '내일 하지 뭐.' 하며 미루게 되고, 운동해야 할 시간인데 귀찮고 컨디션이 안 좋으면 포기하게 된다. 급하게 처리할 일도 중간에 끼어들어서 계획표대로 시간을 사용하지 못한다. 그래서 하루를 시간대가 아닌 '중요한 일' 3가지를 우선순위에 두고 하루를 계획하는 것이 바람직하다. 중요한 일을 하는 것만으로도 하루가 쏜살같이 지나갈 것이다.

가장 중요한 일 딱 3가지를 정한다

"중요한 일과 급한 일 중에 무엇이 더 우선순위가 높은가?"라고 질문하면 대부분 중요한 일을 먼저 해야 한다고 대답한다. 그런데 '급하지만 중요하지 않은 일'과 '중요하지만 급하지 않은 일'이 생기면 사람들은 본능적으로 '급하고 중요하지 않은 일'에 먼저 매달린다. 그 이유는 급한 일이 중요한 일이라고 착각하기 때문이다. 온종일 급한 일을 처리하느라 정작 중요한 일은 하나도 해결하지 못한다.

오늘 해야 할 일 중에서 가장 중요한 일 3가지를 정하자. 예를 들면, '30분 운동하기, 1시간 독서하기, 1시간 가족과 대화하기' 등이다. 아무리 바빠도 무조건 이 시간을 확보하는 것이다. 어떤 경우에서든 중요하고 핵심적인 일은 빼놓지 않고 해야 한다. 왜일까? 목적의식을 잊지 않아야 하기 때문이다.

중요한 일이란 내 인생에서 꼭 해야 하는 일이다. 궁극적으로 내가 원하는 인생을 살기 위해 도달해야 하는 목표다. 중요하지 않은 일에 한눈을 팔지 않고 중요한 일에 집중해야 한다. 컨디션이 좋을 때 중요한 일 3가지에 집중만 해도 남은 하루가 홀가분해진다. 이것이 중요한 일을 다 하고도 시간이 남아도는 사람들의 비밀이다.

시간과 비용을 아껴야 부가가치를 창출한다

부가가치를 창출하려면 '시간'과 '비용'을 아껴야 한다. 이것이 체질화되어 습관이 되어야 한다. 나는 이메일을 출근, 점심, 퇴근할 때 딱 3번만 확인한다. 미팅은 될 수 있는 한 하루에 몰아서 잡는다. 회계 관련한 일, 자료 정리는 일주일에 한 번 날을 잡아서 처리한다. 이렇게 해야 줄줄 새 나가는 시간과 비용을 절약할 수 있다.

또한 내 시간이 중요하듯 다른 사람의 시간도 중요하다는 것을 알고 효율적으로 일하는 방법을 찾게 된다. 일할 때도 한 번 할 일을 두 번 하지 않게 정확하게 의견을 나누고, 지시나 보고를 할 때도 짧은 시간에 핵심적인 내용을 명확하게 주고받는다.

체계적으로 시간을 사용하지 못하고 있다면 스스로 질문하고 답해보자.

- 이 일을 안 하면 어떤 일이 일어날까? '별일 없다'라는 판단이 서면 안 해도 된다.
- 다른 사람이 해도 최소한 나만큼 잘할까? '나만큼 잘한다'면 위임하고 자신이 꼭 해야 하는 일에 집중하는 편이 낫다.
- 목표 달성에 도움이 되는 일인가? '도움이 안 된다'면 즉시 중지한다.

안 만나도 되는 미팅은 자제한다

거절의 동의어는 선택이다. 중요하지 않은 사람과의 미팅을 거절해야 그 시간에 중요한 사람을 선택하여 만날 수 있다. 당연히 만날 사람을 안 만나고, 안 만나도 되는 사람을 만나고 있다면 선택을 잘못한 것이다.

나는 일의 성격상 많은 사람을 만난다. 하루하루가 미팅의 연속이다. 오늘 누구를 만나느냐에 따라 성과의 크기가 달라진다. 그래서 꼭 만나야 하는 사람만 미팅 약속을 잡는다. 성과에 도움이 되지 않는 사람이 미팅을 요청하면 '아니오'라고 거절한다. 시간 활용을 잘하는 사람은 '예'보다는 '아니오'를 더 많이 하는 사람이다. 중요한 미팅을 더 많이 하고 더 집중하기 위해서.

조던 피터슨은 《12가지 인생의 법칙》에서 "당신에게 최고의 모습을 기대하는 사람만 만나라."라고 했다. 나의 최고의 모습을 기대하는 사람은 나에게 중요한 사람이다. 크든 작든 성과에 도움이 되는 사람이다.

21

무기력을 극복하는 방법 5가지

무기력한 사람은 원래 게으른 사람이 아니라 열심히 살아온 사람이다. 일하면서 무리를 했고 번아웃 상태가 되어 무기력해진 것이다. 체력이 소진되고 정신도 맑지 못하니 손 하나 까딱하기조차 싫다.

우리는 일하려고 사는 게 아니다

그런 날이 있다. 매일 하는 공부가 지겹고, 일이 손에 안 잡혀서 퇴근 시간만 기다리고, 집에 오면 손가락 하나 까딱 않고 누워 있고 싶은 날. 그냥 다 귀찮은 날.

당연히 그런 날도 있다. 우리는 기계가 아니다. 우리는 일하려고 사는 게 아니다. 살아가기 위해 일하지 않는 시간도 필요하다.

일상에 작은 변화를 준다

무기력할 때는 일단 밖으로 나가서 햇볕을 쬐며 걷는다. 숨을 들이마시고 내쉬면서 호흡에 집중하면 마음이 차분해진다. 정겨운 풍경, 꽃과 나무를 보며 집에 돌아오면 기분이 상쾌하다. 그럴 때 알게 된다. 걷는 동안에는 무기력하지 않았다는 사실을.

세라 본 브래넉은《혼자 사는 즐거움》에서 "하루에 하나씩 모험을 해라. 하고 나면 기분이 엄청나게 좋아지는 사소하거나 과감한 행동을 감행하라."라고 한다. 나는 무기력할 때는 산뜻한 옷을 골라 입고, 미용실에 가서 머리를 단정하게 깎는다. 혼자 연극을 보러 가기도 한다. 새로운 장소에 가면 활력이 생긴다. 내가 무언가를 좋아하는 존재란 것을 다시 한번 느끼면서 조금씩 무기력에서 빠져나온다.

청소나 정리 정돈을 한다

무기력할 때 5분 만에 벗어나는 방법이 있다. 나는 아무것도 하고 싶지 않으면 일부러 집 안 구석구석을 청소한다. 몸을 움직이면 잡생각이 나지 않는다. 그런 다음 잡동사니가 어수선하게 널려 있는 책상 위를 깨끗이 정리한다. 어지럽게 뒤섞여 있는 책과 옷장의 옷도 가지런하게 정돈한다. 정리는 불필요한 것을 줄이거나 없애는 것이고, 정돈은 어지럽게 흩어진 것을 가지런히 바로잡아 찾기 쉽게 배열하는 것이다. 정리가 되지 않으면 정돈은 의미가 없다. 문구나 서류 등을 사용하기 쉽게 제자리에 놓아두고, 필요에 맞게 가구들을 재배치하면서 기분 전환이 된다.

휴식하면서 내 마음을 들여다본다

휴식은 빈둥거리는 게 아니다. 나 자신과 대화하고 분주했던 내 마음을 돌아보는 시간이다. 시끄럽고 복잡한 세상일은 잠시 잊자. 휴식하면서 내 마음을 들여다보자. 무언가 해야만 편했던 마음이 아무것도 하지 않아도 편할 수 있음을 느낄 것이다. 내 마음을 지키고 돌보는 일은 그렇게 어렵지 않다.

운동한다

성과는 '능력×의욕'이다. 능력에 의욕을 곱한 것이 성과로 나타난다. 예를 들어, 능력이 100이라도 의욕이 전혀 없으면 아무런 성과를 낼 수 없다. 그러나 능력이 50이라도 의욕이 100으로 왕성하면 5,000만큼의 결과를 끌어낼 수 있다. 이처럼 능력보다 더 중요한 것이 의욕이다. 그렇다면 의욕은 어디서 나올까? 의욕뿐만 아니라 활기, 자신감은 어디서 나올까?

바로 체력이다. 체력이 떨어지면 의욕이 없고 성과도 내지 못한다. 그야말로 사회생활은 체력전이다. 냉혹하게 들릴지 모르지만, "컨디션이 안 좋다"라는 말은 프로의 세계에서 통하지 않는다. 자기관리를 잘하는 사람은 체력 관리에 많은 시간을 투자한다. 운동에 투자할 여유 시간과 경제력이 있어서 그럴 것 같지만, 뒤집어 생각하면 열심히 체력을 관리한 덕분에 탁월한 성과를 내는 것이다.

자기관리를 잘하는 상사일수록 회식이 끝난 다음 날 제일 먼저 출근한다. 간밤에 술이 떡이 되어 들어간 상사가 아침에 쌩쌩하게 나와서 간신히 지각을 면한 직원들을 향해 "이 사람들, 나보다 젊은데 이게 뭐야" 하고 큰소리를 칠 수 있는 것은 책임감도 있지만 꾸준히 몸을 관리해왔기 때문이다. 건강한 체력과 자신감은 쌍둥이다.

건강을 유지하는 일은 중장기적인 과제다. 당장 큰 문제가 생기지 않는 한 건강은 늘 우선순위에서 뒤로 밀릴 수밖에 없다. 하지만 체력보다 중요한 것은 없다.

22

행복한 이기주의자가 되는 법

오지랖 넓게 남을 먼저 챙겨주는 것이 좋은 일인 줄만 알았다. 남에게는 알뜰살뜰 정성을 쏟으면서 정작 나 자신은 정성껏 챙기지 못했다. 우선 나를 챙겨야 내가 즐겁고 그 에너지로 남을 챙길 수도 있는 건데. 나 같은 사람이 많을 것이다.

스트레스받는 관계는 나를 위해 끊어낸다

인간관계는 참 어렵다. 남을 이해해주고 배려해서 참아야 할 때가 많다. 그런다고 내가 참고 있다는 것을 상대가 알아주는 것도 아니다. 알아주기는커녕 희생을 더 강요한다. 참을수록 나만 힘들어지는 관계는 필연코 스트레스를 받게 한다. 스트레스를 안겨주는 관계는 한 번에 정 떼듯이 끊어내야 한다. 나를 위해서. 이타심보다는 내 자존감이 우선이다.

무조건 내 탓으로 돌리면 자기효능감이 떨어진다

문제가 생겼을 때 덮어놓고 남의 탓으로 돌리는 사람도 많지만 무조건 자기 탓을 하는 사람도 많다. 한때 '내 탓이오'라는 말이 유행한 적이 있었다. 타인에게 피해를 주지 않았는데도 왜 내 탓을 해야 하는지. 내 탓이 아니라고 하면 이기적인 모습으로 보일 수도 있지만, 아닌 건 아닌 것이다.

어느 책에서 '타인에게 피해를 주지 않는 이기주의는 이기주의가 아니다. 나를 행복하게 만드는 개인주의일 뿐이다.'라는 글을 읽은 적이 있다. '나를 행복하게 만드는 개인주의'란 말이 마음에 들었다. 사실 남의 탓으로 돌리면 이기적이라고 할까 봐 아닌 줄 알면서도 내 탓으로 돌리는 경우가 많았다. 자기만 생각하고 타인을 배려할 줄 모른다는 소리를 듣고 싶지 않아서 더더욱 그랬던 것 같다.

내가 남 탓을 하면 자기합리화를 하는 것인가? 선생님의 강의가 너무 따분해서 꾸벅꾸벅 졸았다면 수업시간에 공부에 집중하지 못한 학생 탓도 있지만 강의를 지루하게 한 선생님 탓도 있는 것이다. 선생님이 재미있고 유익하게 가르쳤다면 학생이 졸았을까? 만사를 무조건 내 탓으로 돌리면 자기효능감만 떨어진다.

내 주변에는 무슨 일이 생기면 다 자기가 잘못해서 일어난 일이라고 말하는 너무나 착한 친구가 있다. 너무 속상해서 '내 탓이오'라는 말을 금연하듯 끊으라고 했다. 하루는 그 친구가 이렇게 말했다.

"매일 '내 탓이오'라는 말을 했었는데, 나 오늘은 그 말 안 했다. 잘했지?"

나는 친구에게 대단하다며 엄지척을 해 보였다. 자기효능감이 늘어나는 그 친구가 보기 좋았다.

참지 말고 할 말은 하자

우리는 애써 내 감정을 외면한다. 좋아하는 사람이니까 내가 잘 대해주면 바뀔 거라면서. 그러나 이런 관계는 십중팔구 끝이 안 좋다. 가만히 참는다고 해서 나의 욕구를 상대가 책임져주지 않는다. 누구나 자기가 우선이다.

기대하는 수준에 훨씬 못 미치는 사람은 딱 그 정도 수준으로 대해야지 그 이상으로 대해주면 자기가 잘난 줄 알고 더 기고만장해진다. 혼자 끙끙 참지만 말고 할 말은 하자. 바람이 꽉 찬 풍선은 터지기 전에 바람을 빼 주어야 한다. 만약 기회를 주었는데도 바뀌는 모습이 털끝만큼도 없다면 관계를 정리하는 편이 낫다. 건강한 관계로 만날 수 있는 사람은 너무나 많으니까.

23

멘탈이 강한 사람의 특징

고난과 시련이 왔을 때 멘탈이 약한 사람과 멘탈이 강한 사람은 대응하는 것이 다르다. 멘탈이 약한 사람은 마치 세상이 끝난 것처럼 크게 동요하고 갈피를 잡지 못하지만, 멘탈이 강한 사람은 요지부동이다. 다행스러운 것은 유리 멘탈도 훈련과 노력으로 강철 멘탈이 될 수 있다는 것이다.

나쁜 감정에 끌려가지 않는다

기분이나 감정은 그냥 나빠지거나 상하는 게 아니다. 누군가 하는 말이나 행동을 어떻게 해석하고 평가하고 받아들이느냐에 따라 감정으로 표현되는 것이다. 예를 들어, 직장 상사가 보고를 받으면서 표정이 어두워졌다. 이때 '내가 올린 보고서가 마음에 들지 않았나'라고 해석하면 기분이 찝찝하다. 반면에, '상사가 요즘 무슨 고민이 있나'라고 생각하면 보고서 때문이 아니라 다른 일 때문에 표정이 밝지 않다고 받아들일 수 있다. 이처럼 어떻게 해석하느냐에 따라 똑같은 일도 다른 감정을 가질 수 있다.

멘탈이 강한 사람은 자신의 기분에 휘둘리지 않는다. 자신의 정서를 잘 조절하기 때문이다.

안 좋은 상황에서 긍정의 센서를 켠다

미국 갤럽연구소는 아이슬란드 사람들이 가장 행복한 표정을 가졌다고 발표한 적이 있다. 빙하로 둘러싸여서 추위와 싸워야 하고, 겨울에는 밤이 스무 시간씩 계속되는 악조건에서 그들이 행복한 표정을 지으며 살 수 있는 것은 생활의 불편함 속에서 자신들이 가진 것을 즐기고 만족하는 법을 배웠기 때문이다.

부정적인 생각을 하던 사람이 하루아침에 긍정적인 생각을 할 수는 없다. 의식적으로 미소를 짓고, 긍정적인 말을 하고, 자신을 관대하게 대하기 시작하면서 변화는 시작된다. 그러면 짜증이 났던 일도 '괜찮아. 그럴 수도 있어'라고 긍정의 센서가 켜지고, '너무 힘들어.'하며 걱정하던 것에서 '나는 잘하고 있어.' 하며 긍정적으로 생각할 수도 있다.

실패는 삶의 과정이라고 여긴다

'7전8기'라는 말이 있다. 일곱 번 넘어져도 여덟 번 일어난다는 말이다. 넘어졌을 때 다시 일어나는 것을 두려워하면 절대로 일어날 수 없다. 힘든 일이 있을 때 막연한 정신승리를 하라는 것은 아니다. 넘어진 것을 인정하고 왜 넘어졌는지 복기해보고 실패를 극복하라는 것이다. 실패를 인정하는 건 괴로운 일이지만 이것을 극복해야 성장할 수 있다.

스노우폭스 김승호 회장은 실패했을 때 제일 먼저 한 일이 체력을 기르는 것이었다고 한다. 팔굽혀펴기 100번과 산책을 하면서 마음 근육도 길렀을 것이다. 마음이 괴로울 때 체력을 기르는 것은 중요하다. 운동은 몸만 건강해지는 것이 아니라 삶의 중심을 잡아준다.

운동하면서 힘든 순간에, 실패했을 때 마음에 담아둔 힘든 시간을 떠올리며 이 정도는 아무것도 아니라고 생각할 수도 있다. 강한 멘탈이 되는 순간이다. 멘탈이 강하면 '실패는 삶의 과정'임을 담담하게 받아들일 수 있다.

24

타인에게 흔들리지 않는 자존감

자존감은 자신을 귀하게 여기는 마음이다. 자신을 귀하게 여기면 거짓말을 하고 싶어도, 정당하지 않은 방법으로 돈을 벌고 싶어도 '나는 귀한 사람이니까' 라고 생각하고 하지 않는다.

내 삶을 대신 살아주는 사람은 없다

인간의 욕구 중 과시욕을 무시할 수 없다. 남에게 인정받으려면 특별해야 한다는 집착이 있기에. 그래서 남보다 화려하고 남보다 특별해야 한다는 강박에 시달린다. SNS에서 다른 이들이 명품으로 온몸을 휘감고, 근사한 집에 살면서 고가의 수입차를 타고, 해외여행을 가서 행복한 모습을 찍은 사진에 '좋아요'를 누르면서 자신의 초라한 삶과 비교하고 우울해한다. 그러나 겉으로만 본 남들의 모습이 과연 그들의 삶의 전부일까? 어쨌든 그것은 내 삶이 아니라 남의 삶이다.

내 성적이 낙제점이고, 내가 작은 회사에 다닌다고 해서 내 인생도 낙제점이고 삼류인 것은 아니다. 그것은 자본주의가 숫자로 서열을 매긴 허상일 뿐이다. 행복에 서열이란 게 있을 수 없다. 나의 가치를 누가 점수로 매긴단 말인가. 내가 받아들이지 않는다면 그것은 아무런 의미가 없다. 단지 나는 내 삶을 이해하며 내가 추구하는 삶을 향해 몸부림쳐야 한다. 그 누구도 내 삶을 대신 살아주지 않기에.

지금 내가 하는 일을 사랑한다

내가 지금 하는 일은 좋든 싫든 내가 선택한 일이다. 좋으면 계속하고 싫으면 그만두고 다른 일을 찾아보면 된다. 부모님이나 선생님이 바라는 일을 내가 한다는 것은 남이 원하는 대로 사는 것이다. 그들이 내 일을 대신해주지 않는데.

내가 하고 싶은 일을 하면서 산다는 것은 누군가의 기대를 저버릴 수도 있는 일이다. 그러나 내가 자유롭게 사는 것이 다른 사람의 기준에 맞춰 사는 것보다는 훨씬 행복하다. 나를 위해 다른 사람을 실망시킬 용기도 필요하다.

안은영은 《여자공감》에서 엄마가 해주신 말을 글로 옮겨놓았다. "싫은 일은 하지 마라. 미운 사람은 만나지 마라. 가기 싫은 자리 가지 말고, 먹기 싫은 건 먹지 마라. 엄마가 살아보니 인생은 짧더라. 경우에 어긋나지 않는다면 너 자신한테 먼저 집중하고 살아라."

나 자신을 귀하게 여긴다

나를 사랑한다면서 몸을 귀하게 여기지 않는다는 것은 그야말로 모순이다. 나는 몸에 좋은 음식을 먹고, 깨끗이 씻고, 운동하고, 잠을 푹 잔다. 내 몸을 귀하게 여기는 것은 결국 나를 사랑하는 것이다. 몸과 마음은 하나여서 몸이 건강하면 마음도 건강해진다.

25

당장 효과 보는 걱정 끄기의 기술

'우울하면 과거에 사는 거고, 불안하면 미래에 사는 거고, 편안하면 지금을 사는 것이다.'라는 말이 있다. 매일 걱정에 휩싸여 사는 사람은 마음이 편하지 않다. 불안하고, 현실이 팍팍하고, 관계가 불편하고, 잠도 제대로 못 잔다.

지금 이 순간을 산다

'걱정하다'라는 말에는 '목 졸라 죽인다'라는 의미가 있다. 걱정은 사람의 숨통을 조이는 소리 없는 살인자와 같다. 그런데도 우리는 걱정하고 또 걱정한다. 걱정한다고 해서 일어나지 않을 일이 일어나는 것도 아니고, 일어날 일이 안 일어나는 것도 아니다. 미래에 일어날 일은 아무도 모른다. 걱정하고 염려한다고 해서 해결되는 문제는 아무것도 없다. 내일 일을 누가 알겠는가. 오늘 이 순간을 살 뿐이다.

내가 통제할 수 없는 건 걱정하지 않는다

소설가 공지영은 말했다. "인생에 관한 한, 우리는 지독한 근시다." 바로 코앞밖에 보지 못하면서 일어나지도 않은 미래의 일을 걱정하다니! 물론 걱정은 어쩌면 일어날 수도 있는 일을 미리 대비하는 데 도움이 된다. 하지만 늘 지나치게 걱정하니까 문제가 되는 것이다.

걱정해서 되는 일은 없다. 밤낮으로 걱정해도 안 되는 일은 안 된다. 내가 통제할 수 없는 건 걱정하지 않는 편이 낫다. 내가 통제할 수 있는 일이라면 걱정하기 전에 일찌감치 내가 했을 테니까. 감당할 수 있는 만큼만 감당하면서 살면 된다.

시간 단위를 줄여서 생각한다

걱정하면 나쁜 점이 많은데, 가장 나쁜 점은 두려움을 더 크게 상상하게 만든다는 것이다. 만약 다음 달에 낼 월세를 구하기 힘든 상황이면 걱정부터 앞선다. 이럴 때는 간이 쪼그라들 정도로 '다음 달 월세, 다음 달 월세' 하며 온 신경이 마련해야 할 월세에 집중된다. 월세를 못 낼 형편이면 집주인에게 사정을 얘기하고 한 달 연기해달라고 부탁할 수도 있다. 보증금에서 한 달 월세를 공제할 수도 있다. 그런데 미리 다음 달 월세 걱정을 하면 일이 손에 잡히지 않는다. '어떻게 하지' 하며 발을 동동 구르며 고민할 시간에 뭐라도 하는 게 중요하다. 일단 해보면 앞으로 뭘 해야 하는지도 저절로 알게 된다.

아직 일어나지도 않은 다음 달 일을 미리 걱정하기보다는 당장 오늘 할 일을 해보자. 오늘 할 일도 손에 잡히지 않는다면 당장 30분 안에 처리할 일을 해보자. 이렇게 시간 단위를 줄여서 일하다 보면 다음 달 월세에 대해서는 까맣게 잊게 된다. 그리고 '어떡하든 마련할 수 있겠지'라는 결론을 얻게 된다. 한 번에 하나씩 바로 앞의 일만 하다 보면 견딜 수 있고 걱정했던 일도 충분히 해결할 방도를 찾을 수 있다.

소소한 행복을 느낀다

마스다 미리는 《치에코 씨의 소소한 행복》에서 "각자의 고민거리가 있지만 순간의 행복을 인정할 줄 아는 힘이 있다."라고 했다. 누구에게나 고민거리가 있다. 고민에 빠져 있어도 순간의 행복은 있다. 매일 선물처럼 주어지는 시간, 사랑하는 사람의 순수한 웃음, 커피와 달콤한 빵, 음악에 맞춰 신나게 추는 춤, 이미 넘치게 가지고 있는 행복. 고민하느라 그 행복을 알아차리지 못할 뿐이다. 이 소소한 행복을 느끼면 마음이 평온해진다.

26

슬럼프를 극복하는 4가지 방법

세일즈를 하면서 거절을 당할 때마다 괴로웠다. 수많은 거절을 당하면서도 이 중요한 자질 덕분에 버틸 수 있었다. 그것은 '회복력'이었다.

사람들을 피하지 말고 만날 것

슬럼프에 빠진 사람들은 몹시 괴로운 심정으로 하루하루를 보낸다. 하는 일이 안 풀리고, 힘들고 고통스러우니까 점점 사람들을 피하게 된다. 모임에도 안 나가고 인간관계를 스스로 단절시킨다. 그러나 이런 태도는 스스로 무덤을 파는 것이다. 어려운 때일수록 모임에 나가고 사람들을 만나야 한다. 한 박자 쉰다고 생각하고 사람들의 말에 귀를 기울이면서 자신을 냉정하게 바라보아야 한다. 당장 눈앞의 힘들고 어려운 상황 때문에 약해지거나 기죽어서는 안 된다. 더 큰 기회가 있다는 것을 잊지 말자.

전문가에게 질문할 것

멋지게 성장하고 도약하다가 어느 순간 정체될 때가 있다.

'뭐가 잘못된 거지?'

슬럼프에 빠졌을 때 돌파하는 방법은 여러 가지가 있겠지만, 내가 주로 사용하는 방법은 전문가를 찾아가는 것이다. 그들은 나처럼 슬럼프에 빠졌던 경험이 있어서 그들의 조언이나 경험담은 난관을 헤쳐나가는 데 큰 힘이 된다. '다시 하면 된다.'

셀프 칭찬하고 보상해준다

힘들고 어려운 때일수록 스스로 칭찬을 많이 해야 한다. 그동안 최선을 다한 것은 본인이 제일 잘 아니까. 슬럼프에 빠졌을 때 작은 일이라도 진전이 있으면 스스로 상을 줘야 한다.

"피곤해서 운동 안 하려고 했는데 억지로라도 30분 했어."

"술 한 잔 하자는 유혹을 뿌리치고 일찍 귀가했어."

"아, 뿌듯해. 영어학원에 안 빠지고 열심히 공부했어."

세상에서 최고의 상은 자기 스스로 주는 상이다. 나는 상패를 만들어 주는 회사에 의뢰해서 내가 나에게 상패를 준 적도 있다. 그 상패를 볼 때마다 힘이 나고 스스로 무척 대견스럽게 느껴진다.

억지로라도 웃는다

기분이 좋을 때는 평소에 보지 못했던 것이 보이는데, 슬럼프일 때는 보는 시야가 좁아진다. 어려운 때일수록 웃는 게 상책이다. 힘들수록 더 웃어야 한다. 웃어야 도와주는 사람이 생기고 좋은 아이디어도 술술 잘 떠오른다. 유쾌해지면 건강해지고, 일도 잘 풀린다. 아무리 지독한 슬럼프에 빠졌어도 나는 여전히 나다. 자학하지 말고 웃자.

27

불안을 극복하는 방법

하루하루가 불안하다면 잘 살고 있는 것이다. 인생의 변화는 '불안'에서 시작되기 때문이다. 불안을 새로운 자극으로 받아들이면 된다.

반드시 잘해야 한다는 강박에서 벗어난다

뭐든지 다 잘하면 좋겠지만 다 잘할 수는 없다. 뛰어나게 잘하는 것도 있고, 조금 잘하는 것도 있고, 못 하는 것도 있는 게 정상이다. 반드시 잘해야 한다는 강박감이 있는 사람은 일할 때 두려움이 앞선다. 잘해내지 못할까 봐.

'잘하지 못하면 어쩌지' 하는 생각을 '잘하지 못하면 이렇게 다시 해야지'로 바꾸면 불안감이 덜할 것이다. 무슨 일이든 직접 해보면 별것 없다는 것을 금방 알 수 있다.

마음이 급하다고 서두르지 않는다

열심히 공부하는데 성적이 오르지 않는 학생은 불안하다. 수십 군데 이력서를 보내고 면접을 봐도 합격 통보를 받지 못하는 취준생은 불안하다. 하루아침에 실직한 가장은 불안하다. 회사 일과 육아를 병행하는 워킹맘은 아이가 조금이라도 이상행동을 하면 불안하다.

마음이 조급해지면 불안이 엄습한다. 그러나 불안은 내 인식이 만들어낸 결과다. 당신은 지금 충분히 열심히 살고 있다. 아무것도 하지 않고 빈둥빈둥 놀 사람이라면 공부도 하지 않고, 구직도 하지 않았을 것이다.

알면서도 안 했을 때의 죄책감에서 벗어난다

하면 좋은 걸 알면서도 안 할 때 '이래도 되나' 싶다. 이런 생각이 반복되면 불안해지고 죄책감을 느끼기도 한다. 공부, 독서, 운동 등은 꾸준히 해야 하므로 하면 좋은 걸 알면서도 안 하는 것들이다. 그럴 때는 즉각적인 만족을 주는 일부터 해보자.

놀면서 '공부해야 하는데'라고 생각하지 말고 놀고 싶으면 실컷 놀아보자. 맛있는 거 먹으면서 '다이어트해야 하는데'라고 생각하지 말고 먹고 싶으면 실컷 먹어보자. 어느 순간 '실컷 놀았으니 이젠 공부 좀 해볼까', '실컷 먹었으니 이젠 다이어트 좀 해볼까' 하는 목표가 생길 수 있다. 이렇게 세운 목표는 달성할 가능성이 크다. 왜냐하면, 실컷 해봐서 후회가 없기 때문이다.

28

나이 들수록 아름다워지는 사람의 특징

인간은 나이와 상관없이 계속 젊어지고 성장할 수 있다. 헨리 포드는 "계속 배우려고 하는 사람은 나이에 상관없이 젊다고 할 수 있다. 인생에서 가장 위대한 것은 마음을 젊게 유지하는 것이다."라고 했다.

자신을 사랑한다

나이 들수록 아름다워지는 비결은 뭘까? 외모가 아름다운 사람은 자신의 매력을 꾸준히 가꾼다. 그러나 온갖 방법을 써도 노화를 멈추게 할 수는 없다. 아름다워지는 사람에게는 더 근본적인 비결이 있다. 세상에 하나밖에 없는 특별한 자신을 사랑하기 때문이다. 그 사랑을 다른 사람과 나누기 때문이다. 오드리 헵번이나 마더 테레사처럼.

의욕을 높여주는 사람을 곁에 둔다

처음부터 의욕을 잃은 사람은 없다. 의욕은 본능적이라서 누구나 뭔가를 하고자 하는 마음이 있다. 그런데 무슨 일을 하든 자꾸 무시를 당하면 서서히 의욕을 잃게 된다. 마음은 섬세하기에.

나이 들수록 아름다워지는 사람은 의욕을 소중하게 여긴다. 그래서 자기 의욕을 꺾는 사람들을 멀리하고 의욕을 높여주는 사람들과 교제하고 싶어 한다.

충조비판을 하지 않는다

나이 들수록 아름다운 사람은 감정 표현을 잘한다. 괜히 툴툴거리고, 짜증을 내고, 참았던 화를 한순간에 터트리지 않는다. 내가 지금 느끼고 있는 감정을 덧붙이지도 않고 빼지도 않고 있는 그대로 표현한다. 상대가 받아들일 수 있는 방식으로.

말을 할 때도 위에서 내려다보는 식으로 말하지 않고 상대와 같은 눈높이에서 말하려고 한다. 충고와 조언은 함부로 하지 않는다. 필요할 때는 상대방의 삶이 나아지는 범위에서 성장에 초점을 맞춰 간단히 얘기해준다.

자기만의 취향이 있다

조건이 아무리 좋아도 취향이 너무 다르면 관계가 오래가지 못한다. 선호하는 음식, 영화, 여행지 등 취향이 비슷하면 입가에 미소가 걸리는 소소한 행복이 늘어난다.

오십에는 어떤 취향, 어떤 분위기를 가진 사람이 되고 싶은가? 자신의 취향이 뚜렷해야 그것에 맞게 일관된 선택을 할 수 있다.

취향을 가지고 있는 사람은 피곤하게 찌들어 사는 느낌이 없다. 나이 들수록 자신에게 어울리는 이미지에 가까워지도록 신경을 좀 써야 한다. 취향이 있다는 것은 자연스럽게 나의 개성을 보여주는 것이니까.

29

말을 잘하고 싶은데 횡설수설하는 이유

말을 유창하게 하는 것이 말을 잘하는 것은 아니다. 대화의 기본자세를 갖춘 사람이 말을 잘한다. 말하기 전에 상대의 정서 상태를 정확히 파악하고, 내 입장보다 상대방의 입장에서 말하고, 상대방이 하는 말을 경청하는 사람이 말을 잘하는 사람이다.

내 입장에서만 말하기 때문이다

내가 원하는 것이 상대방이 원하는 것이 아닐 수도 있다. 상대방은 명분을 원하는데 내가 실리만 추구한다면 대화가 불통이다. 상대방의 관점을 분명히 알고 상대방이 관심을 가질 만한 얘기를 해야 한다. 상대를 이해하지 않고 상대를 설득하려고 하니 대화가 안 되는 것이다. 내가 하고 싶은 말보다는 상대가 듣고 싶어 하는 말을 하자.

경청하지 않기 때문이다

말을 잘하는 사람의 비결은 경청이다. 일단 상대의 말을 충분히 들어야 상대를 이해할 수 있다. 대화는 캐치볼이 중요하다. 볼을 넘겨주려면 먼저 볼을 받아야 한다.

생각을 정리해서 말하지 않기 때문이다

말을 잘하려고 할수록 부담감이 생겨서 말을 잘 못 한다. 말은 편하게 해야 듣는 사람이 편하게 듣는다. 편하게 말하려면 생각을 잘 정리해서 말해야 한다. 이해가 빠르게 논리적으로 말하는 사람은 생각을 잘 정리해서 말한다.

분명하고 정확하게 말하지 않기 때문이다

말을 잘하는 사람은 상대방이 궁금해하는 내용을 분명하게 말하기 때문에 상대방이 귀를 기울이게 한다. 또한 짧고 정확하게 말하기 때문에 언어의 낭비가 없다. 말을 잘하려면 연습이 필요하다. 말하고 싶은 내용을 짧은 시간에 깔끔하게 설명할 수 있게 시간 날 때마다 연습해보자.

30

결정장애에서 벗어나는 법

어렸을 적에 본 '한 번의 선택이 10년을 좌우한다.'라는 광고를 지금도 잊을 수 없다. 선택은 분명 중요하지만 한 번의 선택으로 인생이 뒤바뀌는 일은 드물다. 왜냐하면 우리가 내린 모든 결정은 반드시 매일 관리되어야 하기 때문이다.

한 번 잘못 선택했다고 큰일 나지 않는다

선택을 잘못했으면 다시 다른 선택을 하면 된다. 선택은 한 번으로 끝나는 것 같지만, 한 번으로 끝나지 않는 것이 인생의 중요한 결정이다.

선택은 다른 하나를 포기하는 것

두 가지 중에 하나를 선택할 때 심사숙고하는 이유는 하나를 선택하는 순간 다른 하나를 포기해야 하기 때문이다. 의사결정은 가치를 판단하여 포기해야 할 것을 하나 선택하는 것과 같다. 둘 다 가질 수 있으면 좋겠지만 하나만 가질 수 있다면 값보다는 가치에 중점을 두고 선택하자.

선택에는 책임이 뒤따른다

소극적인 사람은 남의 눈치를 보며 결정을 내린다. 남의 눈치를 보면서 내린 결정은 대부분 후회한다. 사람들은 책임지는 일을 피하고 싶어한다. 선택을 망설이는 이유도 선택하면 스스로 책임을 져야 하기 때문이다. 책임을 지겠다는 자세로 선택하면 망설일 이유가 없다.

컨디션이 안 좋을 때는 중요한 결정을 하지 않는다

나는 몸이 안 좋고 스트레스받을 때는 결정을 유보한다. 컨디션이 안 좋은 상태에서는 올바른 결정을 할 수 없기에. 안 좋은 기분에 이성적으로 판단하지 않고 결정한 일은 평정심을 찾았을 때 늘 후회를 남긴다.

우울한 상태에서는 비관적인 생각에 압도되어 뭘 해도 잘 안 될 것 같다. 그래서 컨디션이 정상일 때는 분명 하고 싶었던 일도 포기하게 된다.

결정 기준을 미리 만든다

"이런 조건을 내밀면 노(No), 이 정도라면 예스(Yes)."

"이 조건을 내밀면 오늘은 결론을 내지 않는다."

"5대 5일 경우는 '노'라고 하고, 7대 3 정도면 예스라고 한다."

이렇게 결정하기 위한 기준선을 미리 마련해 둔다. 결정할 때 일어날 상황을 미리 시뮬레이션하는 습관을 갖는 것이 좋다.

31

열등감에서 벗어나는 방법

열등감이 나쁜 이유는 자신의 가치가 낮다고 여기기 때문이다. 키가 작아서 열등감이 있는 사람은 대인관계가 좋다는 장점이 있는데도 키가 작은 것에만 초점을 맞춰 스스로 자신을 깎아내린다. 열등감은 타인과의 비교를 통해 만들어낸 주관적인 감정일 뿐이다. 문제는 비교해도 남이 가진 장점과 자신이 가진 단점을 비교한다는 것이다.

부러워해도 괜찮다

나보다 잘나고 잘사는 사람을 부러워하는 건 자연스러운 감정이다. '부러워하면 지는 것'이라는 말이 있는데, 연예인 사유리가 말한 것처럼 '부러운 것을 인정 못 하는 것이 지는 것보다 더 비참'한 것이 아닐까.

부럽다면 부러워해도 괜찮다. 대신에 부러워하는 자신을 혐오하고 힘들게 하지는 말자. 남이 가진 것을 부러워하는 만큼 내가 가진 것도 수시로 돌봐주자. 부러움도 잘 이용하면 내가 가진 것을 발전시키는 동력으로 쓸 수도 있다.

나는 남보다 못한 게 아니라 다른 것이다

열등감은 객관적인 조건이 아니라 관점의 문제다. 나에 대한 관점이 부정적이기 때문에 열등감이 생긴다. 그래서 부정적인 관점부터 바꿔야 한다. '나는 남보다 못하다'가 아니라 '나는 남들과 다르다'라는 관점으로.

내가 가진 가능성과 잠재력을 의심하지 말자. 내가 나에 대한 기대감을 멈춘다면 열등감에 빠질 수밖에 없다. 그러나 반대로 나에 대해 기대를 하고 있으면 할 수 있는 일이 무궁무진하다. 나는 완벽할 수는 없지만 충분히 사랑받을 만한 가치가 있는 사람이다.

김애란의 소설집 《달려라 아비》에 나오는 문장을 기억하자. "나는 당신에게 잘 보이고 싶은 사람. 그러나 내가 가장 잘 보이고 싶은 사람은 결국 나라는 것을 알고 있는 사람."

나는 중요한 사람이다

세상에는 무시해도 되는 사람, 함부로 대해도 되는 사람이 한 사람도 없다. 나는 부모님에게는 소중한 아들이고, 한 집안의 가장이고, 아내에게는 든든한 남편이고, 아이들에게는 제일 멋진 아빠다. 우리는 모두 중요한 사람이다.

내 가치를 남이 결정하는 것 같지만 절대로 그렇지 않다. 아무도 내 가치를 평가할 수 없다. 세상에 단 하나뿐인 나의 가치는 어느 것과 비교할 수 없을 만큼 소중하다. 파울로 코엘료가 《흐르는 강물처럼》에서 했던 말처럼.

"우리는 살면서 자주 구겨지고, 짓밟히고, 부당한 대우를 받고, 모욕을 당한다. 그러나 그 모든 것에도 불구하고 우리의 가치는 변하지 않는다."

3장

돈과 운을 끌어당기는 부자는 이렇게 한다

빈자는 생각한 것을 실행하지 않고,
부자는 생각한 것을 실행한다.
실행력은 부자와 빈자를 생각으로부터 분리시키는
훌륭한 도구다.

32

기회가 와도 못 알아보는 사람들의 4가지 특징

많은 사람이 기회가 왔는데도 좋은 기회인지를 모른다. 기회는 안정이 아닌 불안의 모습으로, 희망이 아닌 절망의 모습으로, 행운이 아닌 불운의 모습으로 찾아오기 때문이다. 기대했던 모습이 아니므로 그것이 기회인지 모르는 것이다.

고난이 기회인지 모른다

기회가 와도 못 알아보는 사람은 고난이 찾아오면 회피하려고 한다. 고난 가운데 기회가 있음을 알아차리지 못한다. 기회는 고난이라는 친구와 함께 찾아오는데.

기회는 혼란과 어려움 속에 있다. 조금이라도 실패할 가능성이 있는 일에 도전하지 않는다면 좋은 기회를 잡을 수 없다. 한번 미친 척하고 해본 사람이 기회를 잡는 이유다.

고난이 예상되더라도 한번 해보고 후회하는 것이 안 해보고 후회하는 것보다 낫다. 생각만큼 결과가 안 나오더라도 그 경험은 사라지는 것이 아니라 해본 것만큼 차곡차곡 쌓여서 내 귀중한 자산이 된다.

돈 버는 공부를 하지 않는다

10억은 1년에 1,000만 원씩 100년을 모으고, 1년에 1억 원씩 10년을 모아야 만들어지는 거금이다. 꿈은 10억을 버는 것인데, 정작 10억을 벌기 위한 준비는 전혀 하지 않는다.

매주 로또복권을 사서 일확천금을 노리거나, 돈을 불리는 법을 모르니 돈을 조금 모아도 금리가 연 1%도 안 되는 은행에 넣어둔다. 주식의 '주'자도 모르는 주린이가 주식 투자로 돈 좀 벌었다는 사람이 추천해준 종목에 '묻지 마 단타 매매'를 한다.

돈을 벌려면 우선 돈을 버는 공부를 해야 한다. 경제적 자유를 얻으려면 반드시 금융, 경제 지식을 쌓아야 한다. 기본적인 금융, 부동산, 주식, 경영, 사업에 관한 지식은 물론이고 돈의 흐름도 읽어야 하고, 인간의 심리도 공부해야 하고, 문화와 트렌드도 알아야 한다. 그래야 기회가 왔을 때 지혜와 안목으로 돈을 운영하여 투자할 수 있다.

문제를 문제로만 보고 해결할 생각을 하지 않는다

기회는 불편함에 있다. 불편함을 해결해주면 돈을 벌 수 있다. 그런데 불편함을 알면서도 누군가 문제를 해결해주겠지 바라기만 하고 직접 문제를 해결할 생각을 하지 않는다. 기회는 소비자, 고객의 불편함을 해소하는 데 있다.

영향력의 범주를 작게 설정한다

부자들이 돈을 많이 번 것은 많은 사람에게 좋은 영향을 끼쳤기 때문이다. 선한 영향력을 크게 미칠수록 부자가 될 기회도 커진다. 그러려면 크게 생각해야 한다. 생각하는 데는 돈이 들지 않는다.

이왕 생각하는 거 규모를 키워서 생각하면 큰돈을 벌 기회가 열릴 수도 있다. 국내 시장만 생각하지 말고 세계시장을 두드려야 큰 부를 얻을 확률이 높다. 고객이 불편해하는 것을 간파하고 그 문제를 해결해주는 1만 원짜리 제품을 만들었다면 국내 시장에서 10만 개 팔 생각을 하지 말고 전 세계 시장을 겨냥하여 수억 개 팔 생각을 해보자.

33

자수성가한 부자들의 3가지 공통점

자수성가한 부자들은 맨손으로 시작해 부를 일군 사람들이다. 그들은 어떻게 부자가 되었을까? 돈 없는 설움을 견디면서 한 푼 두 푼 절약하고, 외롭고 힘든 시간에 돈을 버는 공부를 하고, 투자하면서 겸손해야 돈을 벌 수 있다는 사실을 깨달았다.

절약이 몸에 배어 있다

세계적인 부자 존 데이비슨 록펠러는 "1달러를 써서 2달러의 이윤을 벌어들일 수 있을 때만 1달러를 써라."라고 했다. 자수성가한 부자들은 구두쇠란 말을 들을 만큼 주머니를 움켜쥐고 돈을 함부로 쓰지 않는다. 그러다 보니 절약이 몸에 배어 있다. 아끼는 것이 돈을 버는 것임을 알고 있기 때문이다. 절약하고 절제하는 태도와 습관 없이 부자가 된 사람은 없다.

자수성가한 부자들은 명품 브랜드에는 눈길도 주지 않는다. 꼭 필요한 물건이 아니면 사지 않는다. 외식도 전혀 하지 않는다. 유행을 좇아 신형을 사지 않고 구형을 계속 사용한다. 무엇보다 신용카드를 사용하지 않는다. 카드를 지갑에 넣고 다니면 반드시 충동 소비를 할 가능성이 크기 때문이다. 씀씀이를 조절하려면 신용카드 대신 현금이나 체크카드를 사용하자.

신용을 중요하게 여긴다

우리는 신용사회에 살고 있다. 신용이 없으면 돈 1만 원도 빌릴 수 없다. 그런데 어떤 사람은 무담보로 1억 대출을 받기도 한다. 오직 신용만으로.

은행에서 돈을 빌릴 때는 신용 등급에 따라 이자가 다르다. 금융회사는 금액과 관계없이 대출금을 3개월 이상 연체하거나, 5만 원 이상의 신용카드 대금을 3개월 이상 연체할 때 신용불량자로 분류하여 금융 거래에 제재를 가한다.

자수성가한 부자는 신용에 살고 신용에 죽는다는 말을 자주 한다. 그만큼 신용을 중요하게 여긴다. 약속을 자주 어기는 사람과는 어떤 거래도 하지 않는다. 부자에게 신용은 돈과 같다.

이즈미 마사토가 쓴 《부자의 그릇》에는 "돈을 가져오는 건 '자신'이 아닌 '다른 사람'이야."라는 말이 나온다. 돈은 모두 다른 사람에게서 온 것이다. 돈은 냉정하다. 신용이 있으면 붙고, 신용이 없으면 바로 떠난다.

돈이 사랑과 신뢰의 에너지임을 믿는다

자수성가한 부자들은 사람들이 돈밖에 모른다고 할 정도로 돈을 좋아한다. 돈을 좋아하니 돈도 자기를 좋아하는 사람 옆에 붙어 있는 것이다.

고이케 히로시의 《2억 빚을 진 내게 우주님이 가르쳐준 운이 풀리는 말버릇》에서는 "돈은 사랑과 신뢰의 에너지이기 때문에 미소를 띠고 즐겁게 사용하고, 들어왔을 때는 순수하게 기뻐하는 사람을 좋아한다."라고 했다. 돈은 사랑과 신뢰의 에너지다. 돈은 자기에게 사랑을 주고 신뢰를 준 사람에게 찾아온다. 그 에너지는 돈이 기분 좋게 지낼 수 있는 환경에서 계속 순환된다.

34

가난하게 사는 사람들의 공통점

알리바바 그룹의 마윈 회장은 "세상에서 같이 일하기 힘든 사람들은 가난한 사람들이다."라고 했다. 핑계나 변명이 많고 자기합리화가 심하기 때문이다.

돈에 대한 부정적인 편견이 있다

돈에 관해 솔직해질 필요가 있다. 당장 돈이 필요한 형편이면서도 '돈이 인생의 전부는 아니다.' 또는 '나는 돈을 밝히는 속물이 아니다.'라며 돈을 부정적으로 보는 사람들이 있다.

돈은 경제생활에 꼭 필요하다. 돈이 있으면 하고 싶은 일을 수월하게 할 수 있고, 경제적 자유가 있어서 좋은 사람들과 편하게 어울리고 즐거움을 나눌 수 있다. 돈은 행복한 삶을 사는 데 필요한 수단이다.

얼마나 많은 사람이 돈 때문에 고통당하고 있는가! 나는 매일 빚 독촉에 시달리는 사람의 괴로움을 안다. 가족이 아픈데도 치료비가 없어서 병원에 가지 못하고 피눈물을 흘리는 사람의 마음을 안다. 자식의 학비를 마련하지 못해 안타까워하는 가장의 마음을 안다. 가난이 얼마나 무섭고 끔찍한지를 안다. 이것을 모두 경험해봤기 때문이다.

요행을 바란다

가난한 사람은 될 수 있으면 힘들이지 않고 돈을 벌고 싶어 한다. 그래서 매주 로또와 연금복권을 사고, 심지어 경마장, 사설 도박장을 드나들기도 한다. 요행으로 부자가 된 사람은 없다.

부자는 노력하고 흘린 땀의 가치를 아는 사람이다. 행운을 바랄 시간에 경제·금융 지식을 쌓고, 모의 투자를 해보고, 부동산 임장을 다니면서 발품을 판다.

빨리 부자가 되려고 하면 부자가 될 수 없다. 한 푼이라도 아끼고 절약해서 종잣돈을 모으고 그 돈을 투자해서 부자가 되는 수밖에 없다.

내가 만난 부자는 점심이나 저녁때가 되면 된장찌개나 설렁탕을 먹으러 가자고 했다. 돈이 많다고 밥을 거하게 사는 것도 아니었다. 그나마 밥을 산 것도 내가 컨설팅을 해주었기 때문에 고마워서 사준 것이지 그렇지 않았다면 밥을 함께 먹자는 말도 안 꺼냈을지도 모른다.

충동구매와 과소비를 한다

부자는 가계부와 자산평가서를 쓴다. 현금 흐름을 정확히 알 수 있기 때문이다. 그런데 가난한 사람은 이것을 작성하지 않기 때문에 계획소비를 하지 않고 분에 넘치는 과소비를 한다.

특히 신용카드가 문제다. 신용카드의 문제점은 카드로 먼저 긁고 한 달 뒤에 대금을 지불하기 때문에 미래소득을 끌어다 쓰게 하고 가계의 현금 흐름이 막히게 한다.

카드로 내는 할부 수수료 같은 금융비용도 만만치 않고, 카드사는 대금 연체를 하면 거의 사채에 가까운 이자를 받아 챙긴다. 또한 마이너스 통장도 잘못 사용하면 한도를 꽉 채워 빚의 굴레에 빠지게 된다.

빚이 늘게 하는 또 다른 주범은 자동차다. 대중교통을 이용해도 되는데 굳이 자동차를 산다. 자동차는 사는 순간 자동차세, 보험료, 기름값, 수리비 등 자동차를 유지하는 데 드는 비용이 어마어마하다. 자가용을 사는 순간부터 빚이 늘어난다. 자동차 할부금은 은행 신용대출보다 금리가 훨씬 높다. 자가용 한 대를 유지하는 비용을 투자한다면 경제적 자유를 앞당길 수 있을 것이다.

투자할 때 냉정하게 판단하지 않는다

우리는 물건을 살 때 브랜드, 가격, A/S 여부 등을 꼼꼼하게 살핀다. 그런데 투자할 때는 큰돈이 왔다갔다하는데도 냉정하게 판단하지 않는다.

은행에 가서는 직원의 말을 철석같이 믿고 상품에 가입한다. 펀드는 고수익 상품이므로 위험성도 큰데, 수익률이 높다는 얘기만 듣고 묻지마 투자를 한다. 보험상품도 마찬가지다. 가입한 보험이 있는데 설계사가 기존 보험을 해지하고 새로운 보험에 가입하면 혜택이 더 많이 주어진다고 하자마자 계약서에 사인을 해버린다. 부자는 냉정하게 판단하는데 오히려 돈에 쪼들리는 가난한 사람들은 남의 말을 잘 믿고 속아 넘어간다.

부자 되는 방법을 모르고서는 부자가 될 수 없다. 부자가 되려면 부자들의 사고방식과 행동철학을 배워야 한다. "내년에는 수입이 두세 배가 됐으면 좋겠다."라고 말하는 사람은 엄청나게 많다. 하지만 하는 행동을 보면 수입이 두세 배가 되도록 실천하지 않는다.

35

사회초년생이 돈 벌기 위해 집중해야 할 4가지

사회초년생들의 목표는 '성공'이 아니라 '성장'이어야 한다. 멋지게 성장하려면 적어도 3년, 5년 단위의 액션 플랜을 수립해야 한다.

경험을 쌓는다

사회초년생은 선배들보다 실력이나 경험이 부족하다. 돈을 벌기 위해서는 지식과 경험, 인사이트가 풍부한 사람들이 쓴 다양한 분야의 책을 읽어야 한다. 또한 각 분야에서 최고의 자리에 오른 사람들의 유튜브 영상을 보면서 생각의 폭을 넓혀야 한다. 사람을 만날 때는 '내가 이 사람에게 뭘 배워야 하지?'라는 마음으로 배울 점을 눈여겨보고 스스로 체질화해야 한다.

나는 20대에 재무설계사로 일하면서 5년 동안 20억을 벌었다. 전국에서 세일즈를 잘하는 사람들을 수시로 찾아다닌 것이 큰 도움이 되었다. 아무리 먼 곳이라도 마다하지 않고 찾아갔다.

"선생님, 소문을 듣고 배우러 왔습니다. 세일즈를 성공적으로 하는 비결을 가르쳐 주십시오."

자신의 성공을 인정해주고 배우러 왔다는 나에게 톱 세일즈맨들은 허심탄회하게 자신의 경쟁력 있는 성공 노하우를 알려주었다. 자신의 가치를 인정하고 적극적으로 배우려는 자세를 높이 샀기 때문이다.

경제·금융 문맹에서 벗어난다

우리나라는 학교에서 경제교육, 돈의 흐름과 가치를 알려주는 금융교육을 하지 않는다. 용돈을 아껴 쓰고 저축하라는 수준의 교육을 한다. 성인들도 경제·금융 문맹자가 많다. 자본주의 사회에서 경제적 자유를 얻으려면 경제와 금융의 본질을 이해해야 한다.

부자가 되고 싶어 하지만 돈에 관한 공부를 얼마나 하고 있는가? 세금의 구조를 잘 이해하고 있는가? '그렇다'라고 확답을 할 수 있는 사람이 몇이나 될까. 사회초년생은 돈의 흐름을 보는 안목부터 길러야 한다.

주변 환경을 바꾼다

요즘 시간을 함께 보내는 사람들이 누구인가? 부자가 되고 싶다면 당신이 부자가 되는 것을 기대하는 사람만 만나라. 당신보다 나은 사람들을 만나야 자극을 받을 수 있다.

부자가 되기 위해 열심히 투자 공부를 하는 사람들을 만나보는 것도 좋은 자극이 된다. 그 어떤 교육보다 강렬한 동기부여가 될 것이다. 책, 강의, 유튜브 영상들을 계속 접해야 한다. 좋은 멘토를 찾아가서 조언도 구해야 한다.

한 분야를 깊이 판다

다재다능한 사람들이 참 많다. 요즘엔 잡다하게 많이 아는 것보다 한 분야를 확실하게 꿰뚫는 게 더 중요하다. 한 분야에서 최고가 되려면 가장 중심이 되는 일에 반드시 전문가가 되어야 한다.

사회초년생들은 처음부터 폭넓게 많은 것을 하고 싶어 한다. 능력보다 욕심이 앞서는 경우도 많다. 자기의 재능 중 어떤 것을 잘 살려서 전문가의 자리에 오를 것인지를 심사숙고해야 한다. 내 안의 잠재력을 깨울 수 있는 사람은 오직 나 자신뿐이다.

36

부자들의 3가지 모닝 루틴

아침은 하루의 시작이다. 아침 시간을 어떻게 보내느냐에 따라 하루가 달라진다. 뚜렷한 목적을 갖고 아침을 활기차게 보낸다면 부자가 되는 첫걸음을 뗀 것과 같다. 팀 페리스의 《타이탄의 도구들》을 보면 건강하고 활력 넘치게 사는 부자들은 아침에 반드시 하는 루틴이 있었다.

목표를 시각화하고 100번 쓰기

부자는 돈을 벌기 위해 목표를 구체화, 수치화, 시각화한다. 하루에도 수십 번 목표를 보면서 저절로 자극을 받게 한다. 나는 이루고 싶은 목표를 사진으로 찍어 벽면에 붙여놓았다. 아침마다 이 사진을 보면서 하루를 시작한다. 그리고 그 목표를 공책에 100번 쓰면서 목표를 끌어당기는 확언을 한다. 100번 쓰기가 습관이 되면 무엇보다 자신이 발전하고 있다는 확신이 든다.

명상과 운동하기

건강이 재산이다. 부자는 명상과 운동을 통해 건강한 몸과 마음을 유지한다. 텔레비전 다큐에서 박찬호 선수가 슬럼프에 빠졌을 때 명상을 통해 힘든 시간을 극복했다는 것을 보았다. 인터뷰에서 그는 이런 말을 했다.

"젊었을 때는 위로 올라가려고만 발버둥 쳤는데 슬럼프를 겪은 후부터는 명상을 통해 내려오는 법을 배웠다."

아침 달리기에 재미를 붙인 사람은 귀찮아도 매일 아침 30분 이상을 달린다. 부자의 무기는 건강이다. 돈을 벌고 싶다면 반드시 운동해야 한다. 운동하고 나면 '나는 무엇이든 할 수 있다'라는 자신감이 샘솟는다.

독서하기

부자들이 아침에 빼놓지 않고 하는 것이 있다. 바로 독서다. 부자들은 부를 일구어낸 일등 공신은 '독서 습관'이라고 말한다. 그들은 광범위한 분야의 저자들로부터 정보를 습득하고 통찰을 얻는다.

부자는 처음부터 독서가 즐거웠을까? 독서를 꾸준히 하다 보면 희한한 경험을 한다. 따분해서 읽다가 그만둔 책이 어느 날 다시 읽었을 때

재미있는 경험을 한다. 독서 습관은 이런 즐거움을 선사한다.

요즘엔 아침 5시 독서클럽도 유행이다. 책을 읽어야 한다고 다짐했지만 귀차니즘으로 포기하는 사람들을 위한 유료 모임이다. 독서는 꾸준히 하는 것이 중요한데, 이 모임은 독서가 일상의 한 부분이 되게 균형점을 찾게 한다. 아침에 30페이지씩 읽으면 일주일에 얇은 책 1권을 읽을 수 있다. 좋은 책들을 읽으면 생각과 습관이 바뀌고, 목표한 것을 이루는 데 큰 도움이 된다.

37

삶의 바닥에서 전환점이 되는 생각 4가지

똑같은 일을 겪는데도 한 사람은 긍정적으로 생각해서 희망을 잃지 않고, 다른 한 사람은 부정적으로 생각해서 낙담하고 비관한다. 삶은 생각하는 대로 흘러간다. 생각하는 대로 말하고, 생각하는 대로 글을 쓰고, 생각하는 대로 부富의 크기도 결정된다.

나는 나를 넘어설 수 있다

철학자 니체는 "인간은 자신을 뛰어넘어야 할 무엇이다."라고 했다. 자신을 뛰어넘다니! 예를들면, 게으른 자신을 뛰어넘겠다는 의지 같은 것이다. 이 의지가 있으면 나태하지 않고 분발하는 힘이 생겨난다. 우리 안에 잠든 거인을 깨우는 것도 '나는 나를 넘어설 수 있다는 생각'에서 비롯된다.

우리에게는 자신도 미처 몰랐던 능력이 있다. 남들이 안 된다고 말할 때 "나는 나를 넘어설 수 있는데 왜 못 해!"라고 말할 수 있는 용기도 이 생각에서 나온다. '나는 잘될 거야. 나는 멋진 부자가 될 거야. 두고 봐!' 하고 긍정과 희망을 잃지 않는 생각의 주인이 되시기를.

오늘은 신이 나에게 주신 선물이다

삶의 바닥에서는 내일이나 먼 미래를 생각하지 말고 '오늘만' 전략이 필요하다. 오늘은 신이 나에게 주신 선물이니 오늘을 잘살겠다고 다짐하면 된다. 니코스 카잔차키스가 쓴 《그리스인 조르바》처럼.

"나는 어제 일어난 일은 생각 안 합니다. 내일 일어날 일을 자문하지도 않아요. 내게 중요한 것은 오늘, 이 순간에 일어나는 일입니다. 나는 자신에게 묻지요. '조르바, 지금 이 순간에 자네 뭐하는가?' '잠자고 있네.' '그럼 잘 자게.' '조르바, 지금 이 순간에 자네 뭐 하는가?' '일하고 있네.' '잘해 보게.'"

생각이 너무 많으면 당장 할 일을 미루기 쉽다. 무엇이 생각나든 '지금 즉시' 해보자. 오늘 목표한 일은 무슨 일이 있던지 오늘 안에 끝내보자. 이런 성취감이 삶의 밑바닥에서 다시 일어설 수 있는 용기를 줄 것이다.

나는 운이 좋은 사람이다

운이 좋은 사람은 행운을 부르는 방법이 단순하다. "나는 운이 좋은 사람이다."라고 생각하고 말로 표현하면 된다. 이렇게 쉽다고? 주변에 운이 좋다고 생각하는 사람이 무슨 말을 가장 많이 하는지 들어보자. "좋은 분을 만나서 감사합니다. 난 참 운이 좋은 사람입니다." 이처럼 운이 좋은 사람들은 하나같이 '운이 좋다'는 말을 빼놓지 않는다. 실제로 성공하는 사람들을 보면 운이 좋아 보이고 무슨 일을 해도 잘 된다. 물론 운칠기삼運七技三이란 말처럼 모든 일의 성패는 운이 70%, 기술과 노력이 30% 작용하지만.

삶의 바닥에서 신세타령을 하고 낙심할 시간에 "나는 운이 좋은 사람이다."를 100번, 200번 크게 말하는 편이 낫다. 스스로 행운아라고 생각해야 좋은 운을 불러들인다. 표정이 밝고 자신감 넘치는 모습을 보고 사람들이 도움을 줄 수도 있고, 돈으로 살 수 없는 기회를 잡을 수도 있다. 성공한 사람들이 '운이 좋다'고 하는 말은 이것을 염두에 두고 하는 것이다.

삶의 밑바닥에서 너무 힘들고 두려운가? "내가 더 성장할 기회군. 나는 운이 좋은 사람이야."라고 말해보는 건 어떨까. 이 시련으로 단련되고 더 좋은 기회가 올 것이라는 희망을 품어보자.

지금 만나는 사람이 복의 전령사이다

성공한 사람치고 남의 도움을 받지 않은 사람은 없다. 내 휴대전화에는 그동안 도움을 주고받은 사람들의 연락처가 가득하다. 우리는 만나는 사람들을 통하여 복을 받는다. 복이란 하늘에서 갑자기 떨어지는 게 아니라 오늘, 지금 만나는 사람이 복을 주는 것이다. 수많은 사람 중에서 오늘 누가 나에게 복을 줄까?

나는 누구를 만나든 복을 주러 온 사람이라고 생각한다. 진심으로 대하면 그를 통해 도움이 될 만한 사람을 소개받는다. 그게 사람을 통해 나에게 오는 복이다. 특히 상대하기 싫은 사람일수록 친절하게 대해야 한다. 그런 사람에게 정성을 다하면 평소 주고 싶어도 받아주는 사람이 없어서 주지 못했던 복을 나에게 내려놓고 가는 경우도 있다. 내가 받은 복의 대부분은 사람을 통해 받았다고 자신 있게 얘기할 수 있다. 그래서 오늘, 지금 만나는 한 사람 한 사람이 너무나 소중하다.

38

돈이 없어 초라할 때가 많다는 당신에게

가난을 원망하고 있었다면 지금의 나는 없을 것이다. 가난이 나를 더 강하게 만들었다. 누군가로부터 "돈이 없어서 초라할 때가 많다."라는 말을 들었을 때 그저 막막했던 스무 살의 나와 마주했다.

가난하다고 꿈조차 가난할 수는 없다

노력하면 언젠가는 가난에서 벗어날 수 있다고 말하고 싶지는 않다. 다만, 가난하다고 꿈조차 가난하면 안 된다는 말은 해주고 싶다. 작은 것이라도 스스로 해내고 성취감을 느끼는 것이 중요하다.

만약 가난에서 탈출하고 싶은데 용기가 나지 않는다면, 도전할 용기는 도전한 뒤에 생기는 것을 잊으면 안 된다. 예를 들어, 사람들에게 물건을 팔아야 하는데 도전할 용기가 나지 않는다면 어떻게 해야 할까?

그래도 물건을 팔아야겠다고 마음먹고 도전하면 '까짓것, 한번 해보자' 하는 용기가 생긴다. 그냥 하면 된다.

자꾸 포기하면 습관이 된다

스물다섯 되던 해에 나는 칠흑같이 캄캄한 날의 연속이었다. 무일푼이었고, 어디 가서 돈 만 원 빌릴 데도 없었다. 게다가 당시에는 외환위기로 하루에도 수십 개의 회사가 망했다. 직장을 구하고 싶었지만 일류대학 졸업생들도 실업자로 놀고 있는 판국이었다. 나는 취업을 포기하고 싶었다.

어느 날, 실적이 좋으면 성과급을 받는 세일즈를 해보기로 결심했다. 어렵사리 일자리를 구해 교육을 마쳤다. 부푼 꿈을 안고 사무실에서 나왔지만 막상 갈 곳이 없었다. 내성적인 성격에 수줍음도 잘 타서 생판 모르는 사람에게 말을 걸기가 어려웠다. 가족과 지인을 찾아가서 상품을 소개하는 연고 영업도 쉽지 않았다. 몇 번을 망설이다 찾아간 친구, 친척, 선후배들에게 거절을 당했다. 발에 물집이 잡히도록 고객을 만나러 다녔지만 계약 한 건을 하지 못했다. 나는 세일즈를 포기하고 싶었다.

허기가 져서 한 식당에 들어갔다. 정성이 지극하면 하늘도 감동한다고 했던가. 세일즈를 시작한 지 21일째 되던 날, 운 좋게 첫 계약을 하게 되었다. 고객이 서명한 계약서를 들고 식당을 나오는데 콧등이 시큰거리면서 금방이라도 눈물이 쏟아질 것만 같았다.

첫 계약을 하고 나자 생각지도 못한 일들이 벌어졌다. 그동안 만났던 사람들에게서 하나둘 연락이 오기 시작했다. 봇물 터지듯 계약이 쏟아져 나왔다. 그래서 첫 달에 무려 28건의 계약을 했고, 입사 한 달 만에 지점 최고의 판매왕이 되었다.

고객의 거절은 여전히 심했고, 고객발굴은 어려웠다. 상황은 여전히 그대로였지만, 달라진 것이 하나 있었다. 바로 내 마음가짐이었다. '포기하지 않겠다.' 나는 고객이 있는 곳이면 어디든 달려갔다. 거절에 부딪히면 다시 도전하고, 능력이 부족하다 싶으면 두세 배 더 노력했다.

그렇게 사력을 다한 결과, 일 년 만에 모든 보험인의 목표인 MDRT(전 세계 보험 명예의 전당 회원)을 대한민국 최연소로 달성하는 기염을 토했다. 연이어 COT(MDRT의 3배 실적)을 달성하며 20대에 연봉 5억을 받는 보험업계 신화로 우뚝 섰다. 그뿐 아니라 입사 4년째 되던 해에는 4,000여 명의 재정설계사들을 제치고 나이 서른에 회사의 최고직급인 '프레지던트'를 달성해 주위를 놀라게 했다.

'첫 계약을 따낸 고객을 만나지 않았다면 내 인생은 어떻게 되었을까? 나는 지금 어디서 무엇을 하고 있을까?'

나는 여러 번 포기하고 싶었다. 그러나 포기를 자꾸 하면 그것이 습관이 되어 조금만 힘들어도 포기하는 인생이 될까 봐 그것이 두려웠다.

나를 사랑하면 반드시 성장한다

공부든 일이든 꾸준히 하면 조금씩 성장한다. 문제는 '성장이 눈에 띄지 않을 때 어떻게 해야 하는가'이다.

신입 판매직원은 6개월에서 1년 사이에 절반 이상이 퇴사한다. 자기가 노력한 것만큼 결과가 나오지 않으니 심리적으로 낙담 상태에 빠지고 마는 것이다. 그러나 그 시기만 잘 견뎌내면 바로 그때부터 눈에 띄게 성장하는 것이 보인다.

나는 나 자신을 사랑하면 반드시 성장한다고 말해주고 싶다. 나를 사랑하는 마음이 곧 내가 하는 일을 사랑하는 것이기 때문이다.

4장

일 잘하는 사람은 이렇게 한다

성공하는 것은 어렵다.
성공을 지키는 것은 더 어렵다.
근면, 성실이란 단어가 진부하게 들리겠지만,
세상이 변해도 성공에 필수불가결한 요소는
성실과 근면이다.

39

일을 잘 위임하는 6가지 방법

일을 잘하는 리더는 부가가치가 높은 일만 챙기고 나머지 일은 직원에게 위임한다. 일을 위임함으로써 함께 일하는 직원들이 스스로 문제를 해결하는 능력을 향상시킨다. 일을 잘 맡기는 것도 능력이다.

일을 믿고 맡긴다

일을 위임하는 것은 쉬운 것 같으면서도 어렵다. 일을 위임해놓고 기대한 수준의 일을 하지 못하면 간섭하고 싶다. 자기가 보기엔 엉성하기 짝이 없고 그냥 넘어가자니 찜찜하기 때문이다.

일을 위임할 때는 자기가 한 것과 똑같은 결과를 기대하면 안 된다. 일을 맡아서 하는 사람도 자기 주도하에 일하지 못하면 더 잘해야겠다는 동기부여를 받지 못한다. 처음에는 만족스럽지 못해도 일을 믿고 맡겨야 한다. 그래야 일을 위임받은 사람도 성장한다.

일에 대한 기준을 명확히 제시한다

위임은 바빠서 직원에게 일을 떠넘기는 것이 아니다. 왜 직원에게 이 일을 위임하는지, 이 일의 목표는 무엇인지를 명확하게 설명해주어야 한다. 무엇보다 회사의 목표, 전략 등 방향성을 제대로 전달하고, 이 일이 회사에 어떤 의미가 있는지를 전체적인 틀 속에서 직원에게 제시해야 한다. 그래야 직원은 자기가 하는 일의 중요성을 인식하고 책임감을 느낀다.

매뉴얼이 필요하다

매뉴얼 없이 일을 위임하면 중구난방으로 일하기 쉽다. 일을 위임할 때마다 프로세스를 설명해주어야 해서 불필요한 시간 낭비를 할 수 있다. 매뉴얼을 만들어놓으면 일의 체계가 잡히고 같은 일을 반복할 때 처음부터 다시 생각하지 않아도 된다는 장점이 있다. 목표량도 어느 정도인지 확실히 제시할 수 있다.

중간 보고를 받는다

일을 위임한 뒤에 보고를 받는 것은 당연하다. '이 사안에 대해서는 매주 월요일 아침 9시에 보고할 것' 또는 '매월 셋째 주 금요일 오후 5시에 보고할 것'과 같이 미리 보고할 시점을 정확히 정해주는 것이 좋다. 업무를 실행하면서 중간중간 보고를 받으면 상사는 결과를 예측할 수 있으니 안심하고 긍정적인 코칭을 할 수 있다.

시의적절하게 조언해준다

"이제 일을 맡겼으니 나머지는 알아서 해라. 난 모르겠다." 이런 태도는 권한 위양이 아니라 권한 방기이다. 직무유기라고 해도 좋을 것이다. 부하직원에게 일을 맡겼을 때는 필요에 따라 조언을 해주는 것이 중요하다.

결과에 대한 책임을 진다

일을 위임할 때 책임의 기준을 명확히 해두어야 한다. 결과에 대한 책임은 위임자가 지고, 실행책임은 일을 맡은 사람이 진다. 위임자는

"모든 책임은 내가 진다. 그러니 열심히 해봐라." 이렇게 격려하며 일을 맡겨야 한다.

40

일을 잘하는 사람의 5가지 특징

회사에서 일 잘하는 사람을 눈여겨보자. 왜 일을 잘하는지, 왜 상사에게 인정받는지, 왜 진급이 빠른지를 알 수 있을 것이다. 일 잘하는 사람의 특징은 책 한 권으로 써도 모자라겠지만, 5가지 특징만 살펴보자.

평가목표보다 학습목표에 더 치중한다

사람들은 일할 때 크게 두 가지 목표를 추구한다. 첫째는 '평가목표'이고, 둘째는 '학습목표'이다.

첫째, 평가목표를 두고 일하는 사람은 주어진 과제를 자신의 능력이나 적성을 평가하는 기회라고 생각한다. 그래서 과제를 성공적으로 수행하면 자신의 능력을 인정받을 수 있다고 여긴다. 즉, 일의 성패가 자신의 능력을 가늠하는 기준이 되는 것이다.

평가목표를 추구하는 사람은 자신이 감당할 수 없는 과제는 회피하고 만만하게 해결할 수 있는 과제를 선호한다. 그런 이유로 발전의 가능성이 거의 없다. 평가목표에 집착하는 사람은 목표를 낮게 잡고 거기에 도달하려고 한다.

둘째, 학습목표를 설정하고 일하는 사람은 주어진 과제를 자신의 능력이나 적성을 계발하는 기회라고 생각한다. 그래서 과제를 해결하는 과정에 더욱 충실하다. 그 과정에서 자신의 부족한 부분을 찾아내려고 의식적으로 노력하며, 그 결과 능력을 향상시킨다. 따라서 학습목표를 추구하는 것이 실제로 목표를 달성하는 데 있어서 훨씬 효과적이다.

평가목표보다 학습목표에 집중하면 그것이 일에 대한 자신감을 느끼게 하고, 더욱 진취적으로 일에 매진할 수 있도록 도와줄 것이다. 그리고 실제로 업무 성과에서도 더욱 탁월한 결과를 얻을 수 있다.

시간과 비용 대비 효과를 염두에 둔다

열심히 일해도 일 잘한다는 소리를 듣지 못한다면 시간과 비용 대비 효과를 염두에 두지 않고 일하기 때문이다. 똑같은 시간과 비용을 들여서 어떻게 큰 성과를 낼 수 있을지 고민해야 한다. 효과가 같다면 시간은 최대한 줄이고, 비용은 최소로 써야 한다. 시간과 비용이 일정하다면 최대의 효과를 추구해야 한다.

벤 카슨은 《위험을 감수하라》에서 다음과 같은 질문을 던져보라고 조언한다.

- 이 일을 할 때 예상되는 최선의 결과와 최악의 결과는?
- 이 일을 하지 않을 때 예상되는 최선의 결과와 최악의 결과는?

이 일을 하거나 안 할 때 일어날 수 있는 최선과 최악의 결과를 예상하고 그것이 감수할 만한 것인지를 고려하면서 일하는 습관이 필요하다.

상사의 마인드로 생각하고 행동하기

회사에서 인정받지 못하는 사람은 시키는 일만 한다. 때로는 시키는 일도 제대로 못 한다. 상사의 입장에서 보면 지시하는 일은 당연히 잘하고, 자기가 놓친 부분도 세심하게 챙기는 직원을 신임할 것이다. 상사의 마음을 헤아리는 것은 단순히 상사의 비위를 맞추는 것이 아니다. 상사의 마인드로 생각하고 행동하는 것이다.

상사의 입장에서 일하려면 일을 보는 시각이 달라야 한다. 기안서나 보고서를 쓸 때도 자기 직급에서 문제를 바라보는 것이 아니라 상사의 시각에서 쓰면 상사가 흡족해할 뿐만 아니라 상사의 예상 질문을 생각하고 철저하게 답변을 준비할 수 있다.

협업을 잘한다

일 잘하는 사람은 개인플레이를 하지 않고 협업을 잘한다. 이로써 팀워크에도 이바지한다. 팀워크란 나 혼자 할 수 없는 일을 다른 사람들과 함께하여 일을 이루어내는 것이다. 나도 당신도 최선을 다한다는 믿음, 내가 못 하는 일은 당신이 할 수 있다는 믿음이 있어야 팀워크가 좋다.

혼자 하는 일은 잘하지만 협력하는 일에는 역량이 떨어지는 직원과 능력은 조금 떨어지지만 협업 능력이 뛰어난 직원이 있다면 상사는 어떤 직원을 더 눈여겨볼까?

대부분 상사는 협업 능력이 뛰어난 직원에게 더 많은 기회를 준다. 왜 그럴까? 개인적 성과는 작다. 그러나 조직적 성과는 그에 비할 수 없을 만큼 크다. 팀워크를 강조하는 이유는 조직의 잠재력과 가능성을 수십, 수백 배로 커지게 만들 수 있기 때문이다.

대안을 제시한다

회사 일은 보고로 시작해서 보고로 끝난다. GE 최고경영자였던 잭

웰치는 "상사가 이전에 생각지 못했던 세 가지 이상의 다른 생각과 선택, 의견을 제시하라."라고 했다. 일 잘하는 사람은 보고를 할 때 두세 가지의 대안을 상사에게 제시한다. 이때 중요한 것은 각 방안의 장점과 단점을 명확히 설명하고, 각 방안을 선택했을 경우 회사에 미칠 영향에 대해 정량적으로 계산하여 제시하는 일이다. 이러한 구체적인 기준이 없으면 상사는 결정을 내리는 데 어려움을 느낀다.

41

잘 파는 사람과 못 파는 사람의 결정적 차이

나는 당신이 사무직이라도 세일즈(판매)를 한 번이라도 경험해볼 것을 권하고 싶다. 실제로 상품을 팔기 위해 고객을 만나면 왜 매너가 세련되어야 하는지, 왜 화술이 유창해야 하는지를 저절로 알게 된다. 거절을 당해보면 이를 어떻게 극복할지도 느끼게 된다. 물건을 파는 전 과정이야말로 인생의 값진 경험이다.

판매는 고객과 하는 연애다

고객은 애인과 같다. 사랑의 말을 속삭여주고 이해해주고 배려해주어야 한다. 조금이라도 마음이 떠난 것 같으면 금방 토라지고 사랑이 싸늘하게 식어버린다. 그것은 자기에게 조금 더 관심을 쏟고 애정을 보여달라는 바람이다. '이렇게 열심히 하는데 내 마음을 알아주겠지.'라고 생각하고 방심해서는 안 된다. 돈을 내는 고객은 판매자가 늘 최선을 다해 자기에게 유익을 주기를 원한다. 잘 파는 사람은 고객을 정성껏 대하고 좋은 향기를 남긴다.

고객은 자신의 가치를 인정받아야 만족한다

판매자는 영리하기보다는 지혜로워야 한다. 고객은 본능적으로 자신을 VIP로 인정해주는 판매자를 신뢰한다. 자신의 가치를 인정받을 때 최대의 만족을 얻는 것이 고객이다. 판매자는 고객의 근사하게 돋보이고 싶은 욕구를 이해하고 고객이 더 빛나 보이게 해야 한다. 고객은 자기의 주된 관심사를 이해하고 문제를 해결해주는 판매자에게 기꺼이 돈을 낸다.

고객은 1원이라도 손해 보는 것을 싫어한다. 고객은 지불한 돈보다 높은 가치를 주어야 만족한다. 진정한 의미에서의 친절은 고객 스스로 '내 선택이 절대로 틀리지 않았다.'라는 확신을 갖게 하는 것이다.

한 번 인연 맺은 고객을 단골로 만든다

처음 만난 신규고객은 중요한 고객이다. 물건을 한 번만 팔 것인지 단골로 만들어 꾸준히 팔 것인지는 첫 거래에서 어떻게 고객의 마음을 얻는지에 달려 있다.

장사와 판매의 성패는 고객의 재방문율에 달렸다. 가게 분위기도 좋고, 음식이 맛있고, 서비스도 최상이면 고객은 또 찾아온다. 그러나 만족하지 않은 고객은 절대로 재방문하지 않는다. 요즘엔 '다음엔 안 와야지' 하고 생각하지 굳이 컴플레인을 걸지 않는다. 이런 고객이 생기지 않도록 신경 쓰고 단골을 많이 만들어야 한다. 단골의 힘은 엄청나다. 만족한 고객은 입소문을 내고 많은 가망고객을 소개해준다.

내가 영업할 때 5년 동안 20억을 번 것은 고객 한 분의 감동으로부터 시작되었다. 감동은 내가 만난 고객의 문제를 어떡하든 해결해주려는 간절한 마음이다. 그것을 충분히 느낀 고객이 여러 가망고객을 소개해 주었다. 정말 고마워서 사업하는 그분께 나도 좋은 고객을 연결해 드렸다. 이렇게 인연이 꼬리에 꼬리를 물면서 많은 고객을 만날 수 있었다.

고객이 원하는 것은 많지만, 딱 한 가지만 잘해도 판매할 수 있다. 그것은 고객의 욕구와 문제를 해결해주는 것이다. 고객은 자신의 욕구와 문제를 해결해주는 판매자에게 기꺼이 지갑을 연다.

고객 만족만큼 직원 만족도 중요하다

고객 만족을 강조하기 전에 직원부터 만족시켜야 한다. 제1고객은 직원이다. 직원이 만족해야 고객 만족으로 이어진다. 사장이 직원에게 잘하면 그 혜택은 고스란히 고객에게 돌아간다. 그러나 회사에 불만을 품게 하면 직원은 고객에게 친절하고 좋은 서비스를 하지 않는다. 매출 증가를 원한다면 직원을 잘 대우해주고 이 회사에서 일을 잘하면 자신이 발전할 수 있음을 느끼게 해야 한다. 그러면 직원은 최선을 다해 고객에게 잘할 것이다.

42

장사를 잘하는 사람에게 배워야 할 4가지

후루야 사토시는 《장사는 돈 관리다》에서 "장사란 누군가에게 기쁨을 주고 정당한 대가를 받는 것이다."라고 했다. 이것이 장사의 기본이다. 장사를 잘하는 사람은 손님에게 즐거움을 준다. 손님은 즐거운 경험을 하면 반드시 재방문한다.

손님이 원하는 것을 충족시킨다

장사의 본질은 손님이 원하는 것이 무엇인지 알아차리고 손님이 필요로 하는 것을 충족시켜 주는 것이다. 새로운 메뉴를 개발하고, 더 좋은 서비스를 하기 위해 직원을 교육하고, 가게 이미지를 개선하고, 고객 만족도를 측정하는 것도 이 본질에 충실하기 위해 하는 것이다.

고객은 가게에서 경험한 것으로 자신의 삶이 근사해지기를 원한다. 특히 부자 고객은 더 까다롭다. 돈이 많아도 아무 때나 지갑을 열지 않는다. 정말 필요한 것이 아니면 눈길도 주지 않는다.

즐겁고 행복한 경험을 판다

요즘엔 상품의 스펙이나 기능성은 비슷비슷하다. 원 플러스 원, 적립금 등 마케팅도 그게 그거다. 이것만으로 고객의 관심을 끌기엔 역부족이다. 장사를 잘하는 사람은 경험을 판다. 좋은 경험, 즐거운 경험, 색다른 경험을 추구한다. 고객은 행복한 경험을 원한다. 상품과 서비스를 구매했을 때 진심으로 좋아할 수 있는 경험을 할 수 있게 집중해야 한다.

장사를 잘하는 사람은 다른 브랜드를 진심으로 좋아해 본 경험이 있는 사람이다. 그 경험을 통해 고객이 무엇을 원하는지 알기에 자신 또한 제품뿐만 아니라 좋은 경험, 즐거운 경험, 색다른 경험을 팔면서 고객을 행복하게 만드는 것이다.

차별화된 가치를 드러낸다

우노 다카시는 《장사의 신》에서 "판다는 것은 메뉴를 기획하고, 재료를 사서 만들고, 그걸 PR해서 실제로 판매하고, 손님한테 "어떠세요?"라고 반응까지 확인하는 것을 빈틈없이 하는 것"이라고 했다. 이렇게 빈틈없이 하는 이유는 평균 정도가 아니라 차별화된 가치를 드러내야 하기 때문이다. 무난해서는 성공할 수 없다.

초연결사회로 접어들면서 인터넷과 SNS를 통한 소비자의 개인적인 경험은 빠른 시간에 전파된다. 좋은 경험이든 안 좋은 경험이든. 이것을 소비자들이 공유하면서 가게의 평판이 실험대에 오른다. 입소문은 정말 중요하다. 만족한 고객은 평균적으로 5명에게 자신의 경험을 이야기한다. 하지만 불만족한 고객은 평균 10명에게 자신의 경험을 이야기한다. 그래서 더더욱 차별화된 가치를 철저하게 드러내야 한다.

이익보다 가치 창출이 먼저다

장사하는 목적은 돈을 버는 것이다. 그러나 돈을 벌려면 이익에만 집착해서는 안 된다. '고객의 행복을 위해서'라는 가치를 염두에 두어야 한다. 그래야만 많은 돈을 벌 수 있다. 이익만 좇으면 지속 가능한 사업을 할 수 없다. 먼저 고객에게 행복한 가치를 줘야 이익이 저절로 따라온다.

43

고객을 끌어당기는 3가지 비법

고객이 알아서 찾아오는 가게는 무엇이 다를까? 그 가게에 가면 2,000원짜리 빵 하나를 사러 갔다가 이것저것 바구니에 담고 만 원 넘게 사는 일이 종종 있다. 뭔가에 홀린 기분이다. 그 가게 주인은 어떻게 고객을 끌어당기는 것일까? 고객을 사로잡는 매력은 무엇일까?

고객이 근사한 사람이라고 느끼게 한다

우리는 함께 있을 때 기분이 좋은 사람들을 만나고 싶어 한다. 그런 것처럼 생각만 해도 기분이 즐거워지는 가게를 좋아한다. 게다가 고객 스스로 근사한 사람이라고 느끼게 해주는 가게라면 멀리 있어도 찾아가게 된다. 깍듯이 인사하고, 미소 짓고, 친절하게 응대하고, 말 한마디에도 배려가 담기면 고객은 자신을 근사한 사람이라고 느낀다.

제품과 서비스에 대한 신뢰를 전달한다

뛰어난 영업사원은 자신이 판매하는 상품과 서비스가 훌륭해서 추천하고 싶다는 확신을 가진 사람이다. 이런 확신 없이 고객에게 상품과 서비스를 권유할 수는 없다. 그래서 좋은 가치를 고객에게 공유하는 것이다. 이것이 고객을 끌어당기는 비결이다. 뛰어난 영업사원은 누구와 무슨 이야기를 나누더라도 자기가 파는 상품과 서비스에 대한 신뢰를 전달한다.

고객을 돕는다는 자세로 일한다

뛰어난 영업사원은 상품을 알리고 파는 데 목적을 두지 않는다. 도움이 필요한 사람에게 도움을 주고 문제를 해결해주는 데 중점을 둔다. '판매한다'보다는 '도움을 준다'에 방점을 찍으면 고객을 대하는 자세부터 다르다. 이 기본자세가 고객의 마음을 움직인다.

판매는 거래행위지만 본질적으로 좋은 관계를 만들어야 판매할 수 있다. 좋은 관계를 형성하는 것이 목표가 되면 고객과 정서적 유대로 친밀해지고 자연스럽게 거래가 이루어진다.

44

결국 상위 1%가 되는 사람들의 공통점

신입사원 중에 복사 심부름 같은 허드렛일을 시키면 정성을 쏟아서 완벽하게 해오는 직원이 있었다. '내가 이까짓 일을 하려고 취직한 건 아닌데' 하며 알량한 자존심을 드러내지 않았다. 그는 지금 한 기업의 임원으로 일하고 있다. 아주 작은 일을 맡겼을 때 대충 하는 사람에게는 큰일을 할 기회가 주어지지 않는다.

진짜 자존심은 최고가 되는 것

직장 상사도 처음에는 별것 아닌 서류 정리, 복사 같은 허드렛일을 하면서 그 자리에 오른 것이다. 별다른 경험과 노하우가 없는 신입사원에게는 회사의 중요한 일을 맡기지 않는다. 직장 상사가 노는 것 같아도 20년 넘게 한 조직에서 일했다면 산전수전 다 겪은 내공이 있음을 인정해야 한다. 작은 일 하나라도 성심성의껏 하는 사람에게는 최고가 되겠다는 진짜 자존심이 있다.

좋은 습관이 기초가 되지 않으면 무슨 일을 해도 성공할 수 없다. 잘 되는 사람은 좋은 습관이 있다. 좋은 습관은 성공의 기초 자본이다.

몰입해야 최고가 될 수 있다

농구선수 서장훈은 말했다. “진짜 최고가 되고 싶다면 즐기면서 할 수 없다.” 우리는 즐기면서 해야 오래 할 수 있고 이길 수 있다는 말을 자주 듣는다. 그러나 이 말은 땀 한 방울도 남아있지 않을 만큼 열심히 훈련한 사람이 최고가 돼서 하는 말일 뿐이다. 착각하면 안 된다. 엄청나게 노력하다 보니 그 일에 몰입하게 되었고, 몰입하다 보니 힘든 것을 잊게 되었고, 즐기다 보니 최고가 된 것이다.

현실에서는 최선을 다한다고 무엇이든 이룰 수 있는 건 아니다. 세상에는 나만큼 최선을 다하는 사람이 넘쳐난다. 그러나 최고의 자리에 닿을 수 있는 사람이 극히 일부라도 몰입하고 싶은 일이 있다면 해보는 데까지는 해보는 게 낫다. 적어도 당신이 노력한 사실은 사라지지 않으니까. 그 노력이 언젠가 무슨 일에서든 빛을 발할 날이 있을 테니까.

상위 1%는 경험의 산물이다

나는 5년 동안 20억을 벌면서 톱 세일즈맨으로 이름을 날렸다. 세일즈를 그만두고 '멘토링세일즈아카데미'를 세워 강의를 시작했다. 모든 세일즈맨들이 월 1,000만 원 이상의 수입으로 억대 연봉자가 되도록 아낌없는 도움을 주고 싶었다. 남들에게는 객기와 무모한 결정처럼 보였을 것이다. 누구보다 나를 아끼던 사람들은 이렇게 말했다.

"세일즈를 계속하면 남부럽잖게 살 수 있는데 왜 사서 고생을 해."

나는 삶의 목적을 새로 정했기에 그들의 만류를 뿌리쳤다.

세일즈를 그만두고 동기부여 강의와 컨설팅을 하겠다고 나섰을 때 나를 불러주는 곳은 거의 없었다. 무료 강연을 꾸준히 했다. 그러면서 유료 강연을 요청하는 사람들이 늘어났다.

'내 강의를 듣겠다는 사람들이 있는 것만으로도 얼마나 고맙고 행복한 일인가. 게다가 돈까지 준다니.'

나는 즐거운 마음으로 강연을 다녔다. 지나고 보니 바로 그 시기는 내가 삼성을 비롯한 100대 기업에서 강의를 잘하게 만든 훈련 기간이었다. 사람들을 울리고 웃기는 강의 테크닉은 분명 강연의 횟수가 가져다준 능력이었다. 강단에 많이 서 보았기에 여유를 가질 수 있었고, 청중을 많이 접했기에 그들의 피드백을 읽어낼 수 있었다. 내 강연을 듣고 나처럼 좌절하고 실망했던 사람들이 희망을 찾고 다시 새로운 결심을 하고 용기를 갖는 모습을 보면서 피곤함도 잊을 수 있었다. 시간이 지나면서 내 강의는 차츰 소문이 났고 강의 문의가 쇄도하기 시작했다.

즉각적인 결과보다 장기적인 성과에 초점을 맞춘다

어떤 분야든 상위 1% 사람들은 효과성 있는 일에 에너지를 집중 투여한다. 중장기적인 관점에서 하지 말아야 할 일은 줄이고 그 대신 부가가치와 실제 기여도가 높은 일에 시간과 노력을 더 많이 투자한다. 그들이 무슨 일을 하건 전략 단계부터 항상 효과성을 먼저 따지는 이유다.

실행 단계에서도 그 일이 어떤 결과를 초래할지, 효과성이 더 큰 일은 무엇인지에 대해 끊임없이 질문하면서 일을 한다. 효율성보다는 효과성이 우선이다. 속도보다는 방향이 중요하다.

효율성보다 효과성에 집중한다

일할 때는 '효과성'과 '효율성'의 차이를 반드시 알아야 한다. 효과성이란 목적지를 정해 가는 것이고, 효율성은 목적지를 향해 빨리 가는 것이다. 효과성과 효율성을 구분하지 못하고 효율성에 초점을 맞춰 일하다 보면 엉뚱한 방향으로 빨리 가는 결과가 나온다. 따라서 일을 시작하기에 앞서 효과성을 철저히 검증한 뒤 효율성을 높여야 한다.

효과성은 고려하지 않으면서 효율적으로 일하는 것은 큰 문제를 초래한다. 일해서 얻는 것이 적다면 그건 가치나 기여도가 낮은 일을 효율적으로 했기 때문이다. 적게 일하면서도 많은 것을 얻어내는 사람들은 언제나 효율성보다 효과성을 먼저 염두에 둔다.

45

이직을 고려할 때 알아야 할 4가지

이직을 고려할 때가 반드시 온다. 이때 직장을 옮겨봐야 거기서 거기라는 말을 듣는다. 그러나 때로는 버티는 게 답이 아닐 때도 있다.

길게 보고 커리어를 관리한다

하루 중 시간 대부분을 직장에서 보낸다. 매달 꼬박꼬박 나오는 월급이 안정적인 생활을 유지하게 한다. 일하는 보람도 있지만 애환도 있다. 하는 일이나 인간관계, 비전이 안 맞을 때는 버티기만 해도 잘하는 것이다.

직장인이 가는 길은 쭉 뻗은 고속도로가 아니라 꼬불꼬불한 국도에 가깝다. 자신이 가고자 하는 목적지를 향해서 어지럽게 나 있는 길을 용게 찾아서 가야 한다. 이 과정에서 커리어가 붙는다. 평생직장은 기대할 수가 없다. 내가 회사를 사랑하고 헌신하는 만큼 회사가 나를 사랑하고 배려해주지 않는다. 3년 또는 5년, 10년 단위로 커리어를 관리할 줄도 알아야 한다. 30대 후반만 되어도 커리어가 별 볼 일 없으면 오라는 회사가 없다.

짧게 보면 무수히 많았던 길이 길게 보면 한 방향이었다. 이 방향성을 커리어 관리를 할 때 염두에 두어야 한다. 커리어는 다음 단계로 점프하기 위한 준비와 실행의 과정이다. 내가 앞으로 행복할 수 있는 길을 찾아서.

이직하더라도 본질적 자산은 바뀌지 않는다

임경선은 《태도에 관하여》에서 말한다. "일을 바꾸는 것은 과거의 나를 완전히 지우는 것 같지만, 자신의 본질적 자산은 그 어디에도 가질 않고 내 안에 고스란히 남아 지금 하는 일에 힘이 되어줄 수 있다."

이직은 회사의 비전이나 연봉, 복지 등을 고려해서 회사를 옮기지만, 중요한 것은 자신의 본질적 자산이다. 이것 없이 직장을 옮겨 다니면 메뚜기족이 되기 쉽다. 어느 순간에는 자신의 본질적 자산으로 승부를 봐야 한다. 창업이든 사업이든. 그때 본질적 자산이 반드시 힘이 되어줄 것이다.

흥미와 적성을 고려한다

흥미와 적성에 맞는 일을 해야 자신의 가치를 입증하는 시간이 단축된다. 일할 때 적성에 안 맞아서 흥미를 못 느낀다면 열심히 일에 매달려도 진전이 늦다. 이직할 때는 조건보다는 적성에 맞는 일인지를 먼저 고려해야 한다.

나의 경우는 사무직보다는 영업직이 적성에 맞았다. 소심한 성격이었지만 영업을 하면서 적극적인 성격으로 바뀌었고 고객의 문제를 해결해주는 데서 보람을 느꼈다. 남들이 인정해주는 일이 아니라 내가 나를 인정해주는 일을 해야 주어진 과업이 어렵더라도 열정을 가지고 계속할 수 있다.

일을 통해 자신의 잠재능력을 개발하고 사회에 기여하는 보람과 가치를 느낀다면 일을 하는 관점이 달라질 것이다.

결국 나를 위해서 일하는 것이다

월급을 받기 위해 일하면 하는 일이 지겹고 만족도 없이 월급날만 학수고대한다. 해고되지 않을 정도로만 버티다가 돈 많이 주는 회사가 받아준다면 거기로 옮겨서 돈을 더 받고 일하면 좋겠다는 바람도 갖는다.

사실 이직과 돈은 무관하지 않다. 노동력의 대가로 돈을 받는데, 이왕이면 대우와 조건이 좋고 돈도 많이 받으면 금상첨화다. 돈만 많으면 지금 하는 일을 당장 그만두고 놀고 싶은 사람이 부지기수일 것이다.

자본주의 사회에서 돈은 무시할 수 없다. 그러나 더 소중한 것이 있다. 그것은 내가 원하는 일을 하는 것이다. 이것이 내 삶의 주인으로 사는 것이다. 돈을 받기 위해 일하는 것은 부차적이고 결국 일은 나를 위해서 하는 것이다.

남이 시키는 일만 하는 것과 나를 위해서 내가 주체가 되어서 하는 일은 다르다. 나를 위해서 열심히 하고, 스스로 발전하려 노력할 것이다. 회사를 위해서가 아니라 나를 위해서 일한다고 생각하면 나를 지키는 삶을 살 수 있다. 어떤 회사에서 일하든.

46

사람들이 따르는 리더는 무엇이 다를까?

최송목은 《사장의 품격》에서 "당신이 한 사람을 괜찮은 사람이라고 믿으면 그 사람은 정말 괜찮은 사람이 된다."라고 했다. 리더가 믿는 만큼 그 사람은 괜찮은 사람이 되려고 노력하고 호의적인 태도로 일하게 된다. 이것이 사람이 따르는 리더가 하는 일이다.

호의적인 태도를 유지한다

리더는 호의적인 말을 하고 호의적인 태도를 유지해야 한다. 리더십은 리더의 말과 태도에서 발휘되기 때문이다. 실력이 있어도 말과 태도가 비호의적이라면 팀 전체가 힘을 모으지 않는다.

사람이 따르는 리더는 칭찬과 지적 피드백을 적절히 하여 조직에 활력을 불어넣고 사기를 올린다. 칭찬과 지적은 정확하고 객관적이어야 한다. 특히 지적할 때는 왜 잘못했는지 정확하게 피드백해주어야 하고,

평가가 아니라 팀원의 발전에 초점을 맞춰야 한다.

일의 결과에 책임을 진다

로버트 워터맨은 《최고 인재 확보와 유지 전략》에서 말한다. "만약 당신이 새로운 일을 시도해서 실패한다면 내가 비난을 감수할 것이다. 당신이 새로운 일을 시도해서 성공한다면 당신이 영예를 얻을 것이다."

리더는 좋은 결과는 팀원의 성과로 돌리고, 나쁜 결과는 자기의 책임으로 받아들이고 비난을 감수해야 한다. 그러나 나쁜 의도로 팀워크를 방해하는 사람에게는 가차 없이 책임을 물어야 한다. 잘못을 지적할 때는 자기 기준의 판단이 아니라 팀원 모두의 판단이 전제되어야 한다.

남의 지혜를 사용한다

'삼류 리더는 자기 능력을 사용하고, 이류 리더는 남의 힘을 사용하고, 일류 리더는 남의 지혜를 사용한다.'라는 말이 있다. 리더는 자기 능력이 뒷받침되어야 하지만, 함께 일하는 사람들이 능력을 발휘하도록 지원하고 팀원의 지혜를 빌려야 한다. 자기 능력만 믿고 팀원의 능력을 무시하는 리더는 자만심 때문에 삼류 리더가 되는 것이다.

비전을 세우고 공유한다

비전이 없으면 배가 가고자 하는 항구에 닿을 수 없다. 리더는 목적지를 팀원과 공유하고 팀원이 맡은 역할과 의미를 주기적으로 각인시켜 주어야 한다. 팀원과 공유되지 않은 비전은 비전이 아니다. 비전이 같아야 힘을 모을 수 있고 회사와 개인도 함께 성장한다.

리더에게 가장 중요한 것은 비전이고 일하는 목적이다. 어떻게 일하느냐보다는 무슨 비전, 무슨 목적을 가지고 일하느냐가 더 중요하다. 팀원은 리더를 따르는 게 아니라 리더의 비전과 일하는 목적을 따르기 때문이다. 비전은 좋은 것을 넘어서 위대한 것이어야 한다. 세상을 이롭게 하는 비전이 필요하다.

부드러운 카리스마가 있다

리더는 냉철해야 하고 기본적으로 따뜻하게 팀원을 품어야 한다. 냉철하지만 차가운 리더가 되는 것도 곤란하고, 따뜻하지만 냉철하지 않아서도 곤란한다. 부드러운 카리스마가 있어야 한다. 팀원들은 이런 사람이 리더가 되기를 기대한다. 왜냐하면 믿고 따를 수 있고 안정감을 느끼기 때문이다.

모범을 보인다

리더는 자기관리가 절대적으로 필요하다. 몸가짐이 바르고 정신은 성숙해야 한다. 모범을 보여주지 못하는 리더는 사람들을 통솔할 수 없다.

공자는 "윗사람의 행동거지가 올바르면 명령하지 않아도 따르지만, 행동거지가 바르지 못하면 호령해도 따르지 않는다."라고 했다. 리더는 사소한 일에도 솔선수범해야 한다. 팀원은 안 보는 것 같아도 리더의 일거수일투족을 관심 있게 지켜본다. 행동거지가 바르지 못하면 실망하고 지시해도 따르지 않는다.

훌륭한 인재와 함께 일한다

훌륭한 리더에게는 뛰어난 인재가 있게 마련이다. 뛰어난 인재는 그릇이 작고 영악하여 사람을 이용하기만 하는 리더에게는 붙어 있지 않는다. 리더가 자기보다 훌륭한 사람이기에 함께 일하는 것이다.

뛰어난 인재라고 해서 모든 일을 잘하는 것은 아니다. 가끔은 일을 망칠 때도 있다. 이때 훌륭한 리더는 인재를 믿고 포용한다. 신뢰는 일이 잘될 때만 믿는 것이 아니라 일이 안 될 때도 믿는 것이다. 리더도 일을 그르칠 때가 있다.

훌륭한 리더는 자기도 팀의 일원이기에 팀원들에게 믿음을 주기 위해 더 노력한다. 스스로 팀에 기여하는 훌륭한 리더가 되어야 뛰어난 인재와 함께할 수 있다.

47

이런 상사는 거리를 두자

부하직원을 탓하는 상사는 자격이 없다. 스스로 울타리가 되어 직원을 품어주어야 할 사람이 직원을 탓한다는 것은 책임지지 않고 내팽개치는 것과 같다. 이런 상사를 직원들도 탓하고 있을지 모른다.

자존심만 내세우는 상사

작고 사소한 일에 잘 삐치는 상사와 일하면 피곤하다. 기분이 좋았다가 나빴다가 종잡을 수 없으니 철없는 아이 다루듯이 해야 한다. 이런 상사의 특징은 대접할 줄은 모르고 대접만 받으려고 한다는 것이다. 상사 대접을 잘해주는 데도 조금만 서운하면 삐치고 침묵한다. 자존심 세울 일도 아닌데, 자기가 그동안 잘 해줬는데 이런 대접을 하느냐며 냉정하게 대하기도 한다. 불쾌한 기분을 자주 드러내니 직원 입장에서는 말과 행동을 조심해야 하고 그것이 스트레스가 되어서 회사생활이 정말 고달프다는 푸념이 저절로 나온다.

"자네가 다 알아서 해"라고 해놓고 뒤통수치는 상사

평소 호인처럼 굴면서 "자잘한 일은 당신들이 알아서 해"라고 호언장담하는 상사는 주의해야 한다. 의외로 소갈딱지가 좁아서 조금이라도 진행하는 일에 문제가 생기면 불러서 호통을 치기 바쁘다. "나는 통이 큰 사람이다"라고 말했던 건 사실 호통 소리가 컸던 것이다. 자잘한 일을 위임했던 것은 진심이 아니고 그 일을 자기는 책임지고 싶지 않으니 알아서 하라고 했던 것이다.

일이 잘 진행되지 않아서 임원에게 불려가 야단을 맞으면 이런 상사는 책임을 직원들에게 떠넘기며 자기만 안전한 곳으로 도피한다. 자기 안위만 챙기고 자기가 불리한 상황에서는 발뺌하는 상사에게 충성할 직원은 없다.

정치적인 상사

정치적인 상사는 모략이 뛰어나다. 이런 상사는 사람을 잘 믿지 않는다. 왜냐하면 얼굴 두껍게 남을 수족처럼 부리다가 가차 없이 버리는 데 익숙하기 때문이다. 자기 이익에 도움이 될 것 같으면 간을 빼 줄 것처럼 대하다가 이득에 도움이 되지 않으면 상대에게 상처가 되는 말을 서슴지 않는다. 이런 상사가 사람들 앞에서 추켜세울 때는 우쭐대서는 안 되고, 신랄하게 비난할 때는 무슨 속셈으로 그러는 건지 잘 살펴야 한다.

이런 상사가 챙기는 그룹에는 얼씬거리지 않는 편이 낫다. 당장엔 조직의 핵심으로 떠오르는 샛별이 될 수도 있지만 하수인 노릇을 잘 해내지 못하면 순식간에 비난의 대상으로 전락한다. 자신의 이익 추구에만 관심 있는 사람과는 거리를 두는 것이 현명하다.

5장

목표를 달성하는 사람은 이렇게 한다

많이 안다고 성공하는 게 아니다.
조금 알아도 지혜로운 사람이 성공한다.
실전에서 의지할 것은 지식이 아니라 지혜다.
지혜를 활용하려면 반드시 열정이 필요하다.

48

잘되는 사업가가 무조건 하는 3가지

장사나 사업은 만만하지 않다. 상당수가 오래 버티지 못하고 간판을 내리고 문을 닫는다. 운이 좋아서 살아남는다고 해도 지켜낼 수 있는 능력과 지속적인 부를 창출할 수 있는 핵심역량이 없다면 언제든 망할 수밖에 없다.

작은 성공이라도 해본 인재의 가치를 높이 산다

잘되는 사업가는 좋은 인재와 함께 일하기 위해 삼고초려를 마다하지 않는다. 성과는 좋은 인재가 하는 일에서 나오기 때문이다. 만약 좋은 인재를 채용했는데 오래 버티지 못한다면 적재적소에 인재를 배치하지 않은 것이 가장 큰 원인일 수 있다. 좋은 인재를 채용한다는 의미는 회사의 시스템에 맞고, 그 인재가 최고의 성과를 낼 수 있도록 알맞은 자리에서 일할 수 있게 하는 것이다. 시스템이 잘 갖춰진 회사가 이력보다는 능력을 갖춘 사람을 뽑는 이유다.

특히 잘되는 사업가는 자기가 맡은 일에서 작은 성공이라도 해본 인재를 선호한다. 경험의 가치를 높이 사기 때문이다. 그동안 해온 일 중에서 스스로 자부심을 느꼈던 작은 성공의 경험이 있다면 얼마든지 가치를 인정받을 수 있다. 직접 진행한 일에서 최고의 매출을 기록했거나, 브랜드 가치가 올랐다면 그 경험은 더없이 소중한 자산이다. 어떤 직무에서든 작은 성공이라도 해본 사람은 기필코 달성해야 할 목표를 세우고, 추진력 있게 밀어붙일 줄도 안다. 그래서 잘되는 사업가는 돈으로 살 수 없는 경험의 가치를 인정해주고, 그런 경험이 있는 사람을 곁에 두고 싶어 한다.

익숙한 불편을 개선한다

우리가 실생활에서 사용하는 것들은 필요 때문에 발명되었다. 당연하게 여겼던 불편함을 개선하여 편하게 사용하도록 개발되었고 그것이 문명의 진보를 이루었다. 사업가들은 늘 '익숙한 불편'에 관심을 둔다. 사용자의 불편함을 해결해줄 수 있다면 시장에서 좋은 기회를 선점할 수 있기 때문이다.

일상생활의 불편함을 제거해주는 일은 세상에 좋은 가치를 제공하는 것과 같다. 곧 소비자 마인드가 아니라 생산자 마인드로 접근하는 것이다. 그래서 소비자에게 이로운 것이 무엇인지, 소비자의 삶을 어떻게 하면 좀 더 개선할 수 있는지에 초점을 맞춘다. 그러다 보니 자연스럽게 세상의 흐름에 주목하고 조금이라도 변화의 물결이 일렁이는 분야를 지속하여 공부한다. 큰돈을 번 사업가는 대부분 이렇게 하여 막대한 부를 거머쥐었다.

반짝이는 아이디어는 문제를 인식해야 나오는 것이다. 물건 하나를 소비하더라도 문제의식을 느끼고 사용해보면 무엇이 불편하고 무엇을 개선해야 하는지 알 수 있고, 해결방안도 궁리 끝에 찾을 수 있다. 무조건 잘되는 사업가는 소비자의 익숙한 불편을 찾아내서 해결해주는 '문제 해결사'이다.

고객이 만족하는지 눈여겨본다

요즘엔 소비자가 물건을 구매할 때 선택의 폭이 늘어났다. 고객이 불편해하는 문제를 해결해주지 못하거나, 사소한 것이라도 디자인이나 품질이 떨어지거나, 포장이나 고객 응대 등의 디테일에서 고객이 불만족하면 재구매는 일어나지 않는다. 유튜브, SNS에는 리뷰 콘텐츠가 넘쳐난다. 소비자들은 상품을 보는 안목이 높아졌고, 자신의 취향을 드러내고, 장단점을 비교 분석하여 구매 후기를 남긴다. 가망고객들은 댓글과 후기를 훑어보면서 제품의 구매 여부를 결정한다. 소비자들은 기업

주가 반감을 살 만한 일을 저지르면 집단으로 그 기업 제품의 불매운동도 벌인다. 기업들이 소비자에게 좋은 브랜드 이미지를 심으려고 애쓰는 이유다. 기업들은 빅데이터를 활용해 고객의 구매 패턴을 분석하고 특정 타깃에게 개별적인 서비스와 경험을 제공하려고 노력한다.

무조건 잘되는 사업가는 항상 고객의 관점에서 어떻게 하면 고객이 만족할지를 염두에 둔다. 고객의 만족이 곧 자신의 이익임을 알기 때문이다.

49

뭘 해도 되는 사람이 매일 하는 3가지

부자는 운이 좋아서 되는 것이 아니다. 돈을 제대로 벌고, 쓰고, 모으고, 투자하는 능력을 갖췄기에 부자가 된 것이다. 이 4가지 능력이 하나라도 부족하면 운 좋게 번 돈도 먼지처럼 금방 날아간다. 뭘 해도 되는 사람은 잘 될 수밖에 없는 준비가 된 사람이다.

어제 한 일을 돌아보고 오늘 할 일의 리스트를 만든다

업무 시작 전에 '오늘 할 일'을 점검할 것이다. 시간 단위로 꼼꼼하게 일정을 잡는 사람은 숨이 콱 막힌다. 마치 인기 연예인이 물 들어왔을 때 노 젓듯이 너무 많은 일정을 소화하다 보면 지칠 수밖에 없다. 나 역시 영업할 때 고객을 많이 만나겠다는 욕심이 앞서서 스케줄을 빡빡하게 짜곤 했다. 하지만 계획대로 되는 날은 거의 없었다. '오늘 할 일'을 생각할 때마다 일에 대한 압박감이 크게 다가왔다. 집에 돌아와 하루를 돌아보며 계획을 완수하지 못했다며 자책하곤 했다.

그래서 아침에 스케줄을 짤 때 방법을 바꿨다. '오늘 할 일'이 아니라 '어제 한 일'을 먼저 돌아보았다. 수첩을 펼쳐서 어제 누구를 만나 무슨 얘기를 했고, 어떤 문제를 해결해줬는지, 어떤 성과가 있었는지를 기록했다. 그러면서 무엇이 우선순위인지, 내가 진짜로 해낼 수 있는 역량은 지금 어느 정도인지를 알아차렸다.

성공하는 사람은 성찰하는 사람이다. 성찰하면서 '나는 왜 이 일을 하는지'를 실감한다. 그러면 오늘 할 일을 통해 누군가를 기쁘게 해주어야 하는지를 명확하게 알 수 있다. 일의 철학은 이런 과정에서 생긴다. 단순히 발을 동동거리며 분주하게 살고, 열심히 산다고 삶이 바뀌는 것은 아니다.

학습하는 시간을 정해두고 반드시 한다

남들이 일할 때 일하고, 남들이 쉴 때 쉬는 사람이 탁월한 성과를 거둘 수 있을까? 이 사실을 알면서도 '나도 남들만큼 열심히 할 건 다 했는데 왜 이 모양이지'라고 푸념 섞인 말을 하는 사람들이 종종 있다.

성공하는 사람의 비밀을 하나 알려주고 싶다. 그것은 '남이 보지 않을 때 성장하는 것'이다. 성장하려면 열심히 하는 기준을 높여야 한다. 성공하는 사람은 남들이 같이 있을 때도 학습하고, 남들이 안 볼 때도 학습한다. 그것이 하루가 다르게 성장하는 사람들의 비밀이다.

학습도 너무 재면서 하면 안 된다. 스스로 최상의 만족도를 느끼는 지점까지 학습해야 한다. 학습의 핵심은 '자신감'이다. 학습하면 자신감이 생기고, 자신감은 계속 성장하는 동력원이 된다.

자신의 역량을 제한하는 만큼 성취를 제한하는 것도 없다. 자신을 믿는 것만큼 가능성을 높여주는 것도 없다.

성공하는 사람은 매일 정해둔 시간에 학습하기 위해 포기하는 것들이 명확하다. 친구가 좋아도 너무 잦은 술자리를 갖지 않는다. SNS나 단체 카톡방에서 너무 많은 시간을 뺏기지 않는다. 너무 많은 일을 해서 피곤하다며 학습을 미루지도 않는다.

공부하겠다고 다짐하고는 성장이 더디다면 너무 잡다한 일에 신경을 쓰고 사는 것이다. 이것이 너무 바빠서 학습을 못 하는 이유가 될 수는 없다. 온갖 핑계를 대며 학습하지 않는 사람을 보면 '이 사람은 학습이 늘 뒷순위로 밀리겠구나.' 하는 생각이 든다.

성공하는 사람은 책을 읽으면서 새로운 정보를 끊임없이 흡수하고, 명상하면서 자기성찰을 한다.

글쓰기를 하면서 논리력을 키운다

글쓰기는 자기만의 주관과 생각을 키우고, 타인에게 자기 생각을 공유하는 데 도움이 된다. 그러기 위해 생각나는 것을 메모한다.

글쓰기를 제대로 습득하기는 쉽지 않다. 하지만 뭘 해도 되는 사람은 글쓰기를 꾸준히 한다. 자신의 사업 아이디어를 글로 정리하고, 1분 안에 핵심을 전달하는 연습을 하며, 사업계획서로 만드는 능력을 키운다.

솔직하게 자기 생각을 글로 적다 보면 자신과 대화하면서 깨달음도 얻을 수 있다. 상한 감정도 치유되기도 한다.

글을 쓸 때는 잘 쓰려고 하지 말고 쉽게 쓰고, 하나의 주제에 관해서만 쓰는 것이 좋다. 그러면 자연스럽게 논리력을 키울 수 있다. 초기에 글이 잘 안 써질 때는 '나는 글쓰기를 오늘만 하지 않고 죽기 전까지 매일매일 할 거야'라고 다짐하면 중도에 포기하지 않을 수 있다.

글을 꾸준히 쓰다 보면 축적의 힘을 몸소 경험한다. 글은 쓸수록 나아지기 때문이다.

50

열정이 식었을 때 다시 뜨거워지는 3가지 방법

아침 출근 시간과 저녁 퇴근 시간의 사람들 표정은 사뭇 다르다. 아침에는 죽으러 가는 사람처럼 출근하고, 저녁에는 파티에 가는 사람처럼 퇴근한다. 왜 그럴까? 일이 즐겁지 않고 지겹기 때문이다. 열정은 뜨겁게 달아올랐다가 금방 식어버리기 일쑤다. 싸늘하게 식은 열정이 다시 뜨거워지게 하려면 어떻게 해야 할까?

경쟁심을 자극하여 안 하려는 의지를 뛰어넘는다

사람은 본능적으로 '무엇이든 해보려는 의지'보다는 '아무것도 안 하려는 의지'가 더 강하다. 그래서 의식적으로 하려는 의지를 갖지 않으면 게으르고 나태할 수밖에 없다.

지혜로운 여자는 남자를 떠받들지 않는다. 남자의 연락을 기다리며 마음 졸이지 않는다. 남자의 경쟁심리를 자극하여 자기에게 관심을 두도록 유도한다. 남자에게 목매지 않고 자기 일에 열정을 쏟으니 관심을 받으려고 남자들이 기를 쓰고 달려드는 것이다.

안 하려는 의지가 강할 때는 이처럼 적당한 경쟁을 즐기는 것이 좋다. 경쟁자를 한 사람 정하고 그 사람이 일을 어떻게 하는지 눈여겨보자. 그가 일을 쉽게 한다면 쉬운 일을 해서가 아니라 잘하기 때문에 일을 쉽게 하는 것이다. 이렇게 경쟁자를 관찰하면서 경쟁심리를 자극할 수 있다. 그러는 사이에 아무것도 안 하려는 의지가 무조건 해보고 싶은 의지로 바뀐다.

1시간을 60분으로 쪼개어 통제한다

처음 사랑에 빠진 커플은 뜨겁게 사랑한다. 그러나 사랑은 계속 뜨겁게 불타오르지 않는다. 어느 순간이 되면 편해지고 익숙해져서 미지근한 것처럼 느껴진다. 그렇다고 사랑이 변한 건 아니다. '설렌다, 뜨겁다, 익숙하다, 식었다'처럼 의미를 부여해서 변했다고 느끼는 것뿐이다.

지금 내가 열정이 식어서 일하는 태도가 미지근하다고 느낀다면 일의 자세가 바뀐 것이 아니라 오래 일하다 보니 편하고 익숙해진 것이다. 뜨겁던 사랑이 익숙해진 사랑이 된 것처럼.

열정이 식었다고 느껴질 때는 관성처럼 익숙한 일상을 통제할 필요가 있다. 1시간을 60분으로 쪼개어 10분 단위로 사용해보자. 하루 동안 해야 할 일 중에 가장 중요한 일부터 시간에 맞춰서 하다 보면 흐리멍덩

했던 목표가 선명해진다. 폴 마이어는 "데드라인을 정해놓고 매진하는 사람에게는 오히려 목표가 다가온다."라고 했는데, 정말 옳은 말이다.

포기할 건 포기한다

열정과 포기는 어떤 연관이 있을까? 먼저, 포기의 개념을 정확히 해두자. 그래야 때로는 포기가 가장 현명한 선택일 수도 있다는 것을 이해할 수 있다.

내가 하는 일을 제대로 하지 못한 결과가 '실패'이고, 내가 할 수 없는 것을 그만두는 것은 '포기'다. 그런 점에서 포기는 실패가 아니라 그만두는 선택이다. 선택한 것이니 포기했다고 의기소침할 이유가 없다. 오히려 마땅히 포기해야 할 일을 미련이 남아서 계속하는 것이 우둔한 짓이다. 포기할 거라면 일찍 포기하는 게 현명하다. 포기를 해야 내가 열정을 가지고 할 수 있는 다른 일을 모색할 수 있다.

51

성공하는 사람이 결에 두지 않는 사람

무슨 일이든 혼자 잘해서 잘 되는 일은 없다. 개인의 능력이 아무리 뛰어나도 여러 사람이 협력해서 이루어내는 것보다 성취하는 것이 작다. 성공하는 사람은 독불장군처럼 공동의 목표에 협력하지 않는 사람을 곁에 두지 않는다. 1+1=2가 아니라 20이 될 수도 있다는 사실을 잘 알기 때문이다.

공동의 목표에 협력하지 않는 사람

협력해서 일할 때는 드림팀을 원해서는 안 된다. 각자의 능력이 출중하고, 한마음으로 뭉치고, 모두 솔선수범하기를 바라서는 안 된다. '우리 팀은 이랬으면 좋겠다'라고 바라는 것은 허상일 뿐이다. 기대가 높으면 누군가 조금이라도 잘못했을 때 이해하지 못하고 비난하게 된다.

함께 일하는 사람은 전지전능한 신이 아니다. 횡설수설할 수도 있고, 결함도 있고 부족한 구석도 있는 존재다. 이것을 먼저 인정해야 한다.

그래야 문제가 생겨도 넓은 아량으로 품어줄 수 있고, 상호 소통해서 문제를 바로잡고, 다시 역할을 조율하면서 팀워크를 맞출 수 있다. 그런 사람이 모여서 협력하고 성과를 이루어내는 것이다.

아가리로만 일하는 사람

주변에 말은 번지르르하게 하는데 실천이 뒤따르지 않는 사람이 있을 것이다. 이른바 '슬로건주의자'이다. 잘 안 되는 점을 지적하고 옳은 방향을 제시하지만, 뒷짐을 지고 있는 게 이 사람의 문제다.

"왜 아가리로 한 말을 실천하지 않냐"라고 추궁하면 책임지지 않으려고 이유와 변명을 늘어놓는다. "방법이 없다." "시스템이 문제다." 이처럼 안 하는 게 아니라 못 하는 이유를 들먹인다. 변명도 궁색하다. 이런 사람의 가장 큰 문제는 주변 사람들의 에너지까지 빨아먹는 흡혈귀란 점이다.

성공한 사람은 입으로 성공한 것이 아니라 통찰과 실천력으로 성공한 것이다. 그들은 어떤 일이든 안 되는 쪽보다는 되는 쪽으로 생각하고 문제를 해결하려고 안간힘을 쓰는 과정에서 개선할 방법을 찾은 사람들이다. 그러니 안 되는 이유를 귀신같이 찾아내고, 아가리로만 일하고, 시니컬하게 반응하는 사람을 곁에 두지 않는다. 몸값이 높은 사람들은 모두 해결사형 인재다.

불평불만을 일삼는 사람

유유상종이란 말이 있다. 같은 무리끼리 서로 사귄다는 말이다. 자주 불평불만을 터뜨리는 사람은 못마땅한 것이 있으면 불만을 늘어놓기만 하고 자기 스스로는 바꾸려고 노력하지 않는 사람들과 어울린다. 긍정적인 생각을 하는 사람들이 부정적인 에너지를 뿜어내는 자신을 외면하고 안 놀아주니 불평불만을 일삼는 사람들과 어울리는 것이다.

부정인 생각에 빠진 사람은 자수성가한 부자 얘기를 들으면 "돈만 밝힌다"라며 깎아내리고, 고졸 출신의 은행원이 은행장이 됐다는 뉴스를 보면 "아부를 잘해서 저 자리에 올라갔다"라고 지껄이고, 국가대표 축구선수가 골을 못 넣으면 "밥 먹고 축구만 하는 놈이 저걸 실축하냐"라며 분통을 터뜨린다. 남을 비하하고, 욕하고, 깎아내리는 것이 그들이 밥 먹고 하는 짓이다. 누구나 진심으로 응원해주고 축복해주는 사람을 좋아하지, 매사를 부정적으로 생각하고 말하는 사람을 좋아하지 않는다.

나도 오래전에 부정적인 생각의 굴레에서 빠져나오지 못할 때가 있었다. 매일 바라보고 있는 환경이 나를 힘들게 했다. 그 환경이 내 마음에 들지 않았다. 생각과 말이 온통 부정적이었다. 이렇게 살면 안 되겠다 싶어 좋은 면, 아름다운 것을 바라보기 시작했다.

생각이나 말이 부정적일 때는 불편한 감정을 억누르고 참은 것이 밖으로 터져 나오는 것이다. 일상에서 내 마음이 힘든지, 내 마음이 속상한지 자세히 들여다보고 나를 다독여주어야 한다.

조던 피터슨은《12가지 인생의 법칙》에서 "개방적인 생각을 하는 사람은 자신보다 더 많은 것을 알고 있는 사람들과 가까이 지내는 것에 즐거움을 느낀다."라고 했다. 성공한 사람은 모두 개방적인 생각을 한다. 그러니 꽉 막힌 부정적인 생각을 하는 사람들을 가까이하지 않는다.

52

목표가 야심 찬 사람을 알아보는 4가지 방법

사실 삶의 목표가 없이 산다고 해서 나의 존엄성이나 가치가 떨어지는 것은 아니다. 마치 인생의 목표가 있어야 하는 것처럼 말해서 불안을 부추기고 싶은 마음은 추호도 없다. 하지만 이것만은 꼭 말하고 싶다. 1년 후, 3년 후, 5년 후 목표는 없다고 해도 오늘 하루를 잘 보내는 것은 중요하다고.

뼛속 깊이 간절한 목표가 있다

왜 내가 삶의 목표를 강조할까? 삶은 내가 원하는 대로 흘러가지 않기 때문이다. 그래서 삶의 구체적인 목표라도 세워서 내 의지대로 살아보려고 노력하라는 것이다. 그런 점에서 목표는 '해도 그만, 안 해도 그만'인 것이 아니다. 어떤 것은 하고 어떤 것은 못 할 수도 있겠지만, 목표한 것을 자꾸 뒤로 미루고 하지 않으면 오늘 하루를 잘 살 수가 없다.

오늘 하루를 잘 살아야겠다는 마음이 간절해야 한다. 이것이 '뼛속 깊이 간절하다'는 말의 의미다. 영화에서는 악당이 주인공 가족에게 총을 겨누고 오늘까지 시킨 일을 하지 못하면 죽이겠다고 협박을 한다. 이때 주인공은 시킨 일을 완수하려고 죽기 살기로 한다. 뼛속 깊이 간절한 목표는 이런 것이다. 자신의 능력으로 할 수 있을 것 같으면 하고, 못할 것 같으면 포기하는 것이 아니다.

더 나아질 수 있다는 간절함이 있다

임경선은 《태도에 관하여》에서 "겸손한 주제 파악이 인간의 미덕일 순 있지만 삶을 팽팽하게 지탱시켜주진 않는다. 그러기 위해선 내가 좀 더 나아질 수 있다는, 내가 나에게 지고 싶지 않다는 간절함이 필요하다."라고 했다. 목표를 이루려면 건전한 야심이 있어야 한다. 내가 좀 더 나아질 수 있다는 희망과 간절함을 잊지 말아야 한다. 목표를 이룬 사람에게 남는 것은 간절하게 열심히 한 것들이다.

그러나 한 가지 알아둘 것이 있다. 목표 달성에 모든 것을 걸 때는 외롭다는 것이다. 좀 더 잘하고 싶고, 좀 더 발전하고 싶어서 열심히 할 때는 외로움을 이겨내야 한다. 그래서 더더욱 나 자신을 챙겨야 한다. 일의 진척이 조금 느리다고 자책하지 말고, 조금 무리하는 것 같으면 휴식도 취해야 한다. 그래야 꾸준히 할 수 있다. 목표 달성이 중요해도 나보다 더 중요하지는 않다. 내가 행복해야 목표 달성도 값진 것이다.

지루함을 잘 견뎌낸다

목표를 달성하는 사람은 어떤 특성이 있을까? 그중 하나는 지루함을 잘 견뎌낸다는 것이다.

일을 즐기면서 한다는 말은 항상 일을 재미있게 한다는 게 아니다. 어찌 일하면서 늘 재미있게 할 수 있겠는가. 될 수 있으면 하고 싶지 않은 게 일이고, 될 수 있으면 놀고 싶은 게 인간의 본성인데. 우리가 하는 일이 대부분 지겨운 반복이니까 이왕이면 즐겁게 하라는 의미일 것이다.

반복은 지루하지만 매우 중요하다. 반복하지 않으면 무언가를 학습해도 늘 기초반에서 멈출 수밖에 없다. 기초반은 아직 잘하지 못하니까 실력이 향상되기 전까지는 재미가 없다. 하지만 기본기를 쌓는 과정은 지루하더라도 반드시 거쳐야 하는 과정이다. 이 지루한 과정을 잘 견뎌내야 제법 잘하는 단계로 올라갈 수 있다. 요리하려면 귀찮아도 재료 손질을 해야 하고, 피아노를 잘 치려면 악보를 보면서 계속 열 손가락으로 건반을 두드려야 한다. 목표를 달성하는 사람은 편안하게 그 과정을 거친 사람이 아니다.

만약 계속 반복되는 일이 하기 싫고 괴롭다면 그 일의 마감 기한을 정해보자. 기한을 정하면 그 시간 안에 내가 하고 싶은 목표가 생긴 것이기에 하기 싫었던 일도 팔 걷어붙이고 하기가 쉽다.

거절당해도 낙심하지 않는다

나는 수많은 사람에게 거절을 당하면서 성장했다고 자신 있게 말할 수 있다. 거절이 두려웠고 거절을 당할 때마다 괴로웠다. 어떤 거절은 비참했고, 어떤 거절은 마음이 아팠다. 거절을 당하면서 느낀 게 있다. 거절을 당할까 봐 두려워하는 순간부터 거절이 시작된다는 것을. 거절을 두려워하면 누구를 만나기 전에 이미 거절당한 것이나 다름없다.

그러나 어느 순간에 누가 가르쳐준 것도 아닌데 이런 깨달음을 얻었다. 내가 일하면서 거절당하는 것은 내가 파는 상품이지 내가 아니라는 것을. 내가 거절당한다고 해서 내가 사랑받을 만한 가치가 없다는 것이 아님을.

와이콤비네이터 회장 크리스 딕슨이 말한 것처럼, "만일 날마다 거절당하지 않는다면 자신의 목표가 야심 차지 않은 것이다." 목표가 야심 찬 사람은 거절을 당할 준비가 되어 있다. 만일 오늘 일하면서 10번의 거절을 당했다면, 내 목표를 이루기 위해 10개의 높은 허들을 넘은 것이나 다름없다.

53

목표 달성을 잘하는 사람들의 6가지 공통점

우리는 애벌레에서 나비가 되어 훨훨 날아오른 사람들이 쓴 책을 읽는다. 성공하고 싶고, 부를 거머쥐고 싶고, 행복한 인생을 살고 싶은 욕망이 있기 때문이다. 그러나 이런 자기계발서를 수백 권 읽어도 삶이 달라지지 않는 이유는 삶의 목표에 부합하는 오늘 할 일을 하지 않기 때문이다.

목표를 세우면 곧바로 한다

미국 작가 필립 로스는 말했다. "영감을 찾는 사람은 아마추어다. 우리는 그냥 일어나서 일하러 간다." 목표 달성을 하는 사람의 비결은 특별하지 않다. 세운 목표를 그냥 한다. 내일이 아니라 오늘, 나중이 아니라 지금 바로 시작한다.

일을 뒤로 미루는 사람은 《탈무드》에 나오는 말을 새겨듣자. "0에서 1까지의 거리가 1에서 100까지의 거리보다 길다." 목표는 100인데 0에서 1까지 가는 시간이 너무 오래 걸린다. 발동이 걸리면 매우 빠르게 앞으로 나가겠다는 말만 수없이 되풀이한다. 출발하지 않으면 목적지에 닿을 수 없다.

목표를 적어서 잘 보이는 곳에 붙여둔다

책을 읽다가 이 문장을 보고 무릎을 쳤다. "사람들은 원하는 일이 어렵다고 핑계 대면서 해보지도 않고 결국 그것에 '꿈'이라는 이름을 붙인다." 꿈에 관한 얘기를 많이 하는데, 과연 그 꿈이 내가 바라는 꿈일까? 그 꿈을 이루면 다음엔 뭘 할 것인가?

우리는 사랑을 할 때도 로맨스를 꿈꾼다. 환상을 품고 사랑을 한다. 상대가 내가 원하는 환상을 채워주기만을 바란다. 이런 환상에 빠져서 사랑하면 현실에서는 사랑이 늘 채워지지 않는다.

내가 이루고 싶은 꿈도 마찬가지다. 판타지의 세계에 빠져 있지 말고 당장 해야 할 일에 집중해보자. 목표를 적어서 잘 보이는 곳에 붙여두자. 이것이 내가 당장 이루어야 할 꿈이다.

목표를 많이 세우지 않는다

목표를 달성하지 못하는 사람은 대부분 목표를 너무 많이 세운다. 이것저것 목표를 세우면서 어떤 것은 될 것 같고, 어떤 것은 안 될 것 같다. 이것을 스스로 잘 알면서 많은 목표를 세운다. 엄청난 목표는 아니니까 이 중의 하나는 이루겠지 하는 마음으로 목표를 세운다. 그러나 새해 목표가 늘 작심삼일로 끝나듯 제대로 해보지도 않고 단념하기 일쑤다.

목표를 너무 많이 세워서 단념하는 것이 많아질수록 삶이 비루해진다. 왜냐하면 목표만 단념한 것이 아니라 내 의지까지 포기한 것이기 때문이다.

목표를 달성하는 사람은 애초에 목표를 많이 세우지 않는다. 적당히 타협하는 것이 아니라 자기가 꼭 이루고 싶은 것만 목표로 세우고 집중하겠다는 것이다. '내가 목표한 것이 이루어졌어.' 이런 자신감이 중요하기 때문이다.

안 하기로 한 것은 안 한다

일반적으로 목표를 세울 때는 '해야 할 일'을 먼저 생각한다. 그러나 나는 '안 할 일'을 먼저 리스트로 만든다. 왜냐하면 '하지 말아야 할 일'을 알면 '반드시 해야 할 일'이 명확해지기 때문이다.

- 한 시간 이상 게임하지 않기(그 시간에 책 읽기)
- 소파에 누워 있지 않기(그 시간에 산책하기)
- 밥 먹으면서 스마트폰 들여다보지 않기(그 시간에 가족과 대화하기)

마감일로부터 역산하여 목표 세우기

보통은 시작하는 시점을 기준으로 목표를 세운다. 그러나 나는 데드라인을 기준으로 역산하여 목표를 세운다. 이 차이는 분명 다르다. 쉽게 말하면, 일할 때 덧셈으로 하느냐 뺄셈으로 하느냐의 차이와 같다. 덧셈은 할 일을 쌓아 올리는 식이고, 뺄셈은 하지 말아야 할 일을 덜어내고 그 시간을 활용하는 식이다.

이 책을 쓸 때 완성원고 마감일은 1월 31일이었다. 보통 사람은 5개월이면 쓸 수 있다며 다음 달부터 쓰겠다고 마음먹을 것이다. 그러나 막상 그때가 되면 예상하지 못한 다른 일이 생겨서 원고 쓸 시간이 없고 결국 시간에 쫓기며 쓸 수밖에 없다. 그러니 결과물도 좋을 리가 없다. 반면에 나는 이 책을 쓸 때 원고 마감일을 기점으로 역산하여 시간 배분을 했다. 하지 말아야 할 일을 덜어내고 그 시간에 원고를 썼다. 당연히 원고 마감을 지킬 수 있었다.

목표를 잘게 쪼갠다

목표를 덩어리로 인식하면 달성하기 어렵다. 목표를 월간, 주간, 일일 단위로 잘게 쪼개서 실행 가능한 작은 단위로 만들어야 한다. 1일 단위까지 목표를 쪼갰다면 중요한 일 우선으로 시간을 배분할 수도 있다. 아무리 큰 목표도 쪼개고 또 쪼개면 만만해진다. 목표를 세분화해서 관리하면 결국 목표에 근접하는 결과치가 나온다.

큰 목표를 세운 뒤 일을 쪼개서 하라는 것은 '할 일'을 나누라는 의미가 아니다. 성과목표를 구체적인 '실행목표'로 쪼개라는 것이다. 이때 다른 일과의 연계성과 내가 다른 업무에 할애하는 시간을 잘 계산하여 쪼개야 일정에 무리가 없다.

아무리 사소하고 작은 것일지라도 목표를 이루었을 때는 스스로 칭찬해주자. 그동안 일하느라 수고한 자신을 위로해주자.

54

실패를 극복하는 4가지 방법

실패하면 밑바닥으로 떨어지는 경험을 한다. '실패는 성공의 어머니'라고 하지만, 그것을 받아들이기가 쉽지 않다. 사실 그 말은 실패를 만회한 뒤에 해야 하는 말이 아닐까. 물론 실패한 경험을 통해서 배우는 것도 있다. '장사를 이렇게 하면 망하는구나.' 이런 자기 검증을 하면서 약점을 개선하는 기회로 삼을 수도 있다.

일상을 회복한다

한 친구가 멀쩡하게 다니던 직장을 그만두고 창업했다가 2년도 안 되어서 폭삭 망했다. 몇 사람이 모여서 그를 위로하고 격려했다. 후배가 뜬금없이 이렇게 질문했다.

"선배님, 실패를 통해서 무슨 교훈을 얻으셨나요?"

속상해 죽겠다는 표정으로 겨우 앉아있는 사람 앞에서 교훈이라니! 후배는 실패하면 무언가 배우는 게 있을 거로 생각하는 모양이었다. 사업하다 망한 친구가 말했다.

"절대로 사업하지 말고 직장에 그냥 다녀."

설령 교훈을 얻었어도 하루아침에 삶이 달라지지는 않을 것이다. 성공했든 실패했든 일상은 늘 그대로다. 실패하면 마음이 조금 더 가난해져서 정상적으로 일상생활을 못 하는 것일 뿐. 그래서 실패를 하면 일상을 회복하는 것이 가장 중요하다.

가끔은 핑계도 필요하다

실패한 사람은 말수가 줄어든다. 실패한 얘기를 하면 다 핑계로 들으니까. 처음 살아보는 인생인데 당연히 실패도 할 수 있는 것 아닌가. 실패가 없었다면 오늘의 '나'가 어찌 있겠는가.

나는 실패한 사람이 실패를 극복하려면 가끔은 핑계를 대야 한다고 생각한다. 핑계를 댄다고 실패한 결과가 바뀌고 상황이 달라지는 건 아니지만, 적어도 자신을 미워하는 것보다는 나으니까.

감사일기를 쓴다

실패하면 스스로 초라해져서 사람들도 만나기 싫고, 입맛도 없어서 밥도 챙겨 먹지 않고, 밤에는 잠도 오지 않는다. 내 경험에 비추어보면, 감사일기를 쓰면 도움이 된다. 어제 감사했던 일, 오늘 감사한 일을 3가지씩 쓰다 보면 걱정은 온데간데없이 사라진다. 지금 가지고 있는 것, 지금 누리고 있는 것에 감사하게 되므로.

감사일기를 써서 좋은 점은 모두 다 말할 수 없을 정도다. 감사일기를 쓰는 사람은 모두 공감할 것이다.

하루하루 잘 산다

100% 성공하는 인생도 없고 100% 실패하는 인생도 없다. 최선을 다하되 실패했으면 극복해 나가면 된다. 실패한 사람은 부지기수지만 대부분 잘 견뎌내고 있다. 오늘을 잘 살고, 내일을 잘 살고, 모레를 잘 살면 된다. 세상에는 실패한 사람에게 손가락질하는 사람보다 격려와 응원을 보내는 사람들이 더 많다. 힘내시기를.

55

정말 열심히 사는데 일이 안 풀린다면

나는 열심히 사는 당신에게 말해주고 싶다. 잘살고 있는 거라고. 열심히 일하지만 나아지는 게 없다는 당신에게 말해주고 싶다. 잘살고 있는 거라고. 일이 잘되고 못되고를 떠나서 버티고 있는 당신에게 말해주고 싶다. 잘살고 있는 거라고.

남들이 알아주지 않아도 괜찮다

열심히 공부하는데 성적이 늘 제자리만 맴도는 친구가 있었다. 같은 반 아이들이 "열심히 하지 말고 잘해야지"라며 빈정거렸다. 열심히 공부하는 것이 뭐가 문제인가. 열심히 할 만큼 하는데 결과가 안 좋은 건 어쩔 수 없다. 허튼짓을 한 것도 아니고 공부를 열심히 한 것인데 결과가 안 좋다고 이상하게 바라보는 시선이 더 이상한 것 아닌가.

열심히 하는 사람은 남들이 알아주지 않아도 자기가 안다. 나 자체로 괜찮다고 하는 사람은 자신을 저평가하지 않고 스스로 열심히 산 사람이다.

나에게 너그러워지기

정말 열심히 사는 분들은 자신에게 엄격하여 더 잘해야 한다고 스스로 다그친다. 더 발전하려고 잘하지 못한 일을 반성도 한다. 그럴 때마다 완벽하지 못한 자신에게 화를 낸다. 그러지 않았으면 한다. 남에게 관대하게 대하듯 자신에게도 관대했으면 좋겠다. 부족한 모습이 마음에 안 들어도 너그럽게 대해주면 좋겠다. 우리는 모두 완벽하지 않은 존재니까.

가끔은 빈둥거려도 괜찮다

열심히 사는 사람은 잠시라도 아무 일도 안 하고 있으면 마음이 불편하다. 하던 일이 끝나면 '다음에는 뭘 하지?' 하고 스스로 일을 찾아서 한다. 마음이 분주해서는 안 된다. 아무것도 하지 않고 나무늘보처럼 느긋해지는 것에 익숙해져야 한다.

힘들 땐 힘들어해도 괜찮다

열심히 달려온 당신의 손을 잡아주고 싶다. 다정하게. 열심히 달려온 당신을 안아주고 싶다. 따뜻하게. 힘들 때는 그냥 힘들어해도 괜찮다. 힘들어한다고 인생이 더 힘들어지는 건 아니다. 힘이 날 때 힘을 내면 된다.

참고 문헌

고이케 히로시, 이정환 역, 《2억 빚을 진 내게 우주님이 가르쳐준 운이 풀리는 말버릇》, 나무생각, 2017

기시미 이치로, 고가 후미타케, 전경아 역, 《미움받을 용기》, 인플루엔셜, 2014

김애란, 《달려라 아비》, 창비, 2019

김웅, 《검사내전》, 부키, 2018

김정운, 《가끔은 격하게 외로워야 한다》, 21세기북스, 2015

니코스 카잔차키스, 이윤기 역, 《그리스인 조르바》, 열린책들, 2009

데이먼 자하리아데스, 권은현 역, 《착한 사람을 그만두면 인생이 편해진다》, 홍익출판사, 2019

데이비드 번즈, 차익종 역, 《관계수업》, 흐름출판, 2015

레베카 뉴턴, 김은경 역, 《존재감》, 한국경제신문, 2019

로버트 워터맨, 이상욱 역, 《최고 인재 확보와 유지 전략》, 21세기북스, 2002

마스다 미리, 조은하 역, 《치에코 씨의 소소한 행복》, 애니북스, 2016

마크 맨슨, 한재호 역, 《신경 끄기의 기술》, 갤리온, 2017

미즈시마 히로쿠, 박재현 역, 《오늘도 남의 눈치를 보았습니다》, 샘터, 2018

벤 카슨, 정미나 역, 《위험을 감수하라》, 해피니언, 2008

성유미, 《이제껏 너를 친구라고 생각했는데》, 인플루엔셜, 2019

세라 본 브래넉, 신승미 역, 《혼자 사는 즐거움》, 토네이도, 2011

아이리, 정세경 역, 《서른이면 어른이 될 줄 알았다》, 포레스트북스, 2019

안드레아스 쿠느프, 박병화 역, 《나를 사랑하지 못하는 나에게》, 걷는나무, 2017

안은영, 《여자공감》, 해냄, 2010

우노 다카시, 김문정 역, 《장사의 신》, 쌤앤파커스, 2012

이즈미 마사토, 김윤수 역, 《부자의 그릇》, 다산북스, 2020

임경선, 《태도에 관하여》, 한겨레출판, 2018

조던 피터슨, 강주헌 역, 《12가지 인생의 법칙》, 메이븐, 2018

최송목, 《사장의 품격》, 유노북스, 2019

최주연, 《불안해도 괜찮아》, 소울메이트, 2016

팀 페리스, 박선령, 정지현 역, 《타이탄의 도구들》, 토네이도, 2020

파울로 코엘료, 박경희 역, 《흐르는 강물처럼》, 문학동네, 2008

후루야 사토시, 김소영 역, 《장사는 돈관리다》, 쌤앤파커스, 2019